대학생과의 소통을 위한
상담 기법

김은실 · 손현동 공저

학지사

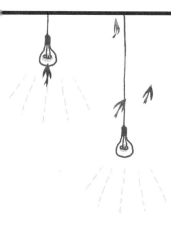

머리말

어느 날 70세가 넘은 한 노부부가 이혼을 하려고 변호사를 찾아왔습니다. 변호사는 이 노부부를 화해시키기 위해 호프집에 데리고 가서 맥주와 치킨을 주문했습니다. 치킨이 나오자 할아버지는 할머니의 접시 위에 닭다리를 하나 올려놓았습니다. 변호사는 속으로 '아, 할아버지가 할머니를 배려하시는구나.'라고 생각하며 희망을 가졌습니다. 그런데 갑자기 할머니가 화를 버럭 내면서 "당신은 항상 당신 마음대로야! 나는 닭 날개를 좋아하는데 당신은 내가 싫어하는 닭다리만 주고!"라고 말하며 밖으로 나갔습니다. 그러자 할아버지도 화를 내면서 "나는 내가 좋아하는 닭다리를 양보했는데 저 사람은 내 마음도 몰라주고 매번 화만 내는군!" 하고 말하며 역시 밖으로 나갔습니다.

이 이야기는 부부가 서로의 마음을 오해해 이혼에 이르게 된 사례입니다. 서로의 마음을 몰라 오해하고 속상해하고 화를 내는 사람들이 이 노부부만은 아닐 것입니다. 그래서 관계를 유지하고 지속하려면 서로의 마음을 통하게 하는 '소통'이라는 능력이 필요합니다.

소통은 마음과 마음이 서로 통한다는 의미로 원만한 관계를 유지하는 데 가장 필요한 요소입니다. 마음과 마음이 통한다는 것은 상대방이 자신의 마음을 이해하고, 자신도 상대방의 마음을 이해하는 것을 의미합니다. 서로의 마음이 통하려면 상대방을 위하는 마음만으로는 부족합니다. 서로 살아온 삶이 달라 자신의 마음을 표현하는 방법 역시 다르기 때문입니다. 따라서 자신의 진실한 마음을 정확하게 표현하고, 상대방의 마음 역시 정확하게 읽을 수 있는 의사소통 기술이 필요합니다.

우리는 대학 현장에서 대학생과의 소통이 되지 않아 많은 어려움을 경험하는 교수님들을 만나곤 합니다. 학생에게 도움을 주고 싶은 마음은 있지만 표현하는 방법에서 오해를 불러일으키고, 그 오해로 인해 학생과 교수님 모두 마음에 상처를 받기도 합니다.

교수와 학생 사이에는 서로의 역할이 있기 전에 우선 사람과 사람 간의 관계가 있습니다. 그리고 그러한 서로의 관계를 원만하게 유지하기 위해서는 소통하는 능력이 필요합니다.

우리는 이 책에서 대학생과의 상담 경험을 통해 정확하게 학생의 마음을 이해하고 교수의 진실한 마음을 전달할 수 있는, 그래서 대학생과 상담할 때 효과적으로 의사소통할 수 있는 방법들을 소개하였습니다. 또한 학생의 말을 들을 때, 학생에게 말을 할 때, 상담을 진행하면서 주의해야 할 태도 및 자세 그리고 학생의 어려움에 따른 상담 전략 등을 소개하였습니다. 이 책이 모쪼록 학생과 상담할 때 작은 도움이 될 수 있기를 바랍니다.

저자를 대표하여
김은실

차 례

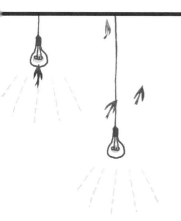

대학생 상담의 필요성

1. 대학생의 고민

대학생 시기에는 새로운 교육 환경과 대인 관계 그리고 고등학생 시기와는 다른 독립적이고 능동적인 생활 방식이 요구되면서 많은 스트레스를 경험합니다. 그리고 그러한 적응의 스트레스뿐 아니라 진로와 학습, 건강 문제, 가정 및 부모님과의 문제, 가치관 문제 등 다양한 면에서도 역시 스트레스를 경험합니다(김성경, 2003; 장형석, 2000; Asberg, Bowers, Renk, & McKinny, 2008).

대학생이 경험하는 스트레스 유형은 〈표 1-1〉과 같이 학업과 장래(진로) 문제가 가장 큰 것으로 나타났습니다(김정호, 김선주, 오영희, 1996; 이은희, 박상준, 2012). 당면 과제인 학과 공부와 졸업 후 진로 문제로 가장 큰 스트레스를 겪고 있다는 것입니다. 그 외에도 가치관, 경제 문제, 교수와의 문제, 가족과의 문제, 이성과의 문제, 친구와의 문제의 순으로 스트레스를 경험하는 것으로 보고되고 있습니다. 즉, 친구나 가족, 이성에 대한

스트레스가 비교적 낮은 빈도로 언급되는 것을 보면 학업이나
진로와 같은 당면 과제에 비해 대인 관계에서 오는 스트레스는
적은 편이라는 것을 알 수 있습니다. 그러나 대인 관계 중에서
교수와의 관계는 비교적 큰 스트레스를 주는 것으로 나타났습
니다.

대학생의 스트레스는 심리 및 정서적 어려움과 알코올 남
용, 게임 중독, 자살 등 정신 건강의 문제를 경험하게 하며(공마
리아, 강윤주, 2012; 공수자, 이은희, 2006; 심지은, 안하얀, 김지혜,
2011; 이영자, 1995; 전겸구, 김교헌, 이준석, 2000; 추상엽, 임성문,
2010) 학교 중도 탈락이라는 현상으로도 나타납니다. 이는 학생
개인에게 실패 경험이 되며 자존감에 부정적인 영향을 주고, 학
교 측에는 대학생 탈락률에 큰 영향을 미칩니다.

〈표 1-1〉 대학생의 스트레스 수준

순위	스트레스 영역
1	학업과정 문제[a]
2	장래 문제
3	학업결과 문제[b]
4	가치관 문제
5	경제 문제
6	교수 관계
7	가족 관계
8	이성 관계
9	친구 관계

주. a: 공부의 어려움, 공부나 과제의 분량이 너무 많음.
b: 시험을 못 봄, 성적이 나쁨, 적성에 맞지 않음, 노력 대비 공부의 결과가 나쁨.

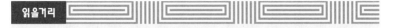

대학생의 고민

다음은 실제 상담에서 보고한 대학생의 고민들입니다.

1. 남자친구가 성관계를 갖자고 해요. 저는 성관계를 갖고 싶지는 않은데 남자친구는 사랑하는 사이라고 강조하면서 관계를 갖자고 자꾸 강요해요. 그런데 이런 고민을 이야기할 대상이 없어요. (이성 문제)

2. 저는 지방대생이지만 학점이 좋아서 대우가 좋은 대기업에 가고 싶어요. 그런데 면접을 본 선배들이 학점이 좋아도 지방대 출신이라 취업이 안 된다고 해요. 지금부터라도 눈높이를 낮춰야 하는지 고민이에요. (진로 문제)

3. 저는 대학원 갈 돈이 없어요. 그런데 원하는 걸 이루기 위해서는 꼭 대학원에 진학해야 해요. 집에서도 도움을 주지 않겠다고 하는데, 바로 대학원에 진학해야 할지 아니면 취업해서 돈을 번 후에 진학해야 할지 고민이에요. (진로 문제 · 경제적 문제)

4. 저는 전공이 음악이에요. 저는 사실 상담을 공부하고 싶었

어요. 그런데 성적도 안 되고 부모님도 상담보다는 음악을 하기 원하셔서 지금의 전공을 선택했어요. 그런데 이 전공을 하다 보니 상담을 하고 싶은 마음이 더욱 들어요. 부모님을 어떻게 설득해야 할지 고민이에요. (진로 문제)

5. 저는 지금 서울에 있는 4년제 대학에 다니고 있어요. 저희 집은 지방이라 서울에 올라와서 자취를 해야 하는데 집안 형편이 그렇게 넉넉지 않아서 등록금, 생활비, 용돈뿐 아니라 과제 하나를 하더라도 생각지 않은 돈이 들어가서 너무 부담스러워요. 당장 다음 학기 등록금이 벌써부터 고민인데, 그러다 보니 아르바이트를 쉬지 않고 해야 해요. 그래서 이번 학기 학점은 엉망이 되었어요. 휴학을 한 후 등록금을 벌어 놓고 복학을 하면 졸업이 늦어질 것 같고, 아르바이트랑 학업을 병행하자니 학점이 문제가 돼요. 어떻게 하면 좋을지 고민이에요. (경제적 문제)

6. 저는 고등학교 때 왕따였어요. 같은 지역에서 계속 살았기 때문에 한번 왕따를 당하고 나니 친구를 사귀기가 계속 어려웠고, 그래서 친구가 하나도 없었어요. 그나마 다른 지역으로 대학을 가면 친구를 사귈 수 있을 줄 알았는데 여전히 친구 사귀는 것이 어려워요. 저는 친구를 많이 사귀고 싶은데 고민이에요. (대인 관계 문제)

7. 저희 집은 불교 집안이지만 제가 가고 싶은 과가 이 대학교
   에 있어서 기독교 학교인 이곳에 오게 되었어요. 그런데
   여러 가지 종교 행사에 필수로 참여해야 하는 것이 저는 너
   무 힘들어요. 종교는 개인의 자유로운 선택인데 학교 안에
   서 너무 강제적으로 접근하는 것 같아 졸업까지 제가 버틸
   수 있을지 걱정이에요. (종교 문제)

2. 대학생 상담의 필요성

대학생은 대학 내에서 과 학우를 비롯해 정서적으로 친밀한
관계를 맺고 있는 사람이 있거나 전공과 연계된 뚜렷한 성취동
기와 목표가 있는 경우 대학 생활 적응력이 높아집니다. 결국
학생이 대학 생활에 잘 적응하도록 하기 위해서는 개인적인 목
표를 뚜렷하게 돕거나 타인과 소통이 일어나도록 돕는 것이 필
요합니다. 그리고 여러 연구에 따르면 대학생은 교수님에게 충
실한 강의와 지도도 바라지만 그에 못지않게 인간적인 유대관
계나 인생에 대한 조언도 원하고 있습니다(강혜영, 이제경, 2009;
박희남, 2000). 대부분의 학교에 학생상담센터가 설치되어 있어
고민이 있는 학생들의 경우 이 기관을 찾도록 많이 홍보하고 있
긴 하지만, 학생들은 낯선 전문가보다는 안면이 있고 친밀감이
이미 형성된 교수와 더 이야기하고 싶어 합니다. 그러나 고민

이 있는 학생이 교수와의 상담을 요청하는 경우 그 상담이 이루어지는 비율은 매우 낮다고 합니다. 그래서 교수님과의 대화를 제도화하기 원하는 학생들이 있기도 합니다.

대학의 교수는 대학생에게 정서적 친밀감의 대상이 되어 성취동기와 목표를 안내하고 학교생활 적응의 어려움을 함께 해결하는 조력자가 되어야 합니다. 즉, 대학생이 대학이라는 새로운 환경에 적응할 수 있도록 돕는 것은 대학과 교수의 책무이며 대학의 경쟁력을 위해 꼭 필요한 것이라고 할 수 있습니다.

그러나 교수도 조력자의 역할을 하고 싶은 마음은 있지만 그것을 대학생에게 전달하는 것이 쉽지 않을 수 있습니다. 학생 상담이 자칫 학생에 대한 생활 정보를 알아보고 조언하는 식의 형식적인 대면으로 끝나 학생과 교수 모두 만족하지 못하는 상황이 될 수 있기 때문입니다. 조력자의 역할을 효과적으로 수행하기 위해서는 교수의 진실한 마음을 잘 전달할 수 있는 효과적인 학생 상담 방법, 즉 소통이 일어날 수 있는 방법을 먼저 알아야 합니다.

소통의 힘

미국의 한 대학에서 남녀 대학생을 대상으로 '대화와 친밀감'
이라는 주제의 실험을 하였습니다. 처음 만나는 남녀가 한 쌍
이 되어서 1시간씩 대화를 하도록 하였는데, 한 집단에는 "오
늘 날씨는 어떻습니까?" "오늘 점심으로 무엇을 먹었습니까?"
와 같이 날씨, 음식, 스포츠 등 일상적인 주제의 대화를 하도
록 하였습니다. 반면, 다른 집단에는 "당신의 장점이 무엇인지
요?" "어린 시절 힘들었던 경험이 무엇인지요?" "최근 대인 관
계에서 슬픔을 느꼈던 경험이 있는지요?"와 같은 개인의 감정
과 사생활에 대한 질문을 하도록 하였습니다. 그리고 그렇게
대화를 나눈 쌍이 1개월 후에 친구나 애인 관계로 발전한 사례
가 있는지 추적 조사한 결과, 첫 번째 집단은 친밀한 관계를 가
진 쌍이 없었지만 두 번째 집단은 20쌍 중 12쌍이 친구나 애
인 관계로 발전하였다고 합니다.

이 실험은 대화 자체보다는 대화의 내용이 서로를 친밀한 관계
로 발전시키는 데 도움을 준다는 것을 알려 줍니다. 학생 상담
도 상담 시간의 길이보다는 대화의 내용이 중요합니다. 학생은
편하게 일상적인 이야기를 나누는 것이 아니라 자신의 내면에
있는 이야기를 나누기 원합니다. 즉, 교수와 소통하기를 원합
니다. 이때의 소통은 짧은 시간이라도 교수가 학생에게 관심을
가지고 진심을 다해 함께하는 것입니다.

3. 대학생 상담의 목표

상담(相談)이란 사람과 사람이 만나 상대방의 긍정적인 변화에 도움을 주기 위해 수행하는 모든 활동을 말합니다. 특히 학생 상담은 교수가 학생을 만나 인격적인 접촉을 통해 도움을 제공하는 모든 활동을 말하며, 교수와 학생은 함께 상담 목표를 설정하고 그 목표의 달성을 위해서 공동으로 노력해야 합니다.

상담의 기본 목표는 **학생의 긍정적인 변화**입니다. 즉, 상담을 통해 학생 개인의 성장과 발달을 촉진하고 자아실현을 위해 조력하는 것이 목표입니다.

다음은 구체적인 대학생 상담의 목표입니다.

1) 학생 자신의 이해

자신의 흥미, 목표, 욕구, 능력, 성격 등 자신에 대해 이해하고 수용하는 태도를 갖는 것은 자신의 어려움을 보다 정확하게 바라보게 해 주고 효과적인 판단과 선택을 하도록 도와줍니다. 이는 학생이 가진 잠재 능력의 발현뿐 아니라 대학 생활 적응을 위한 기초가 됩니다. 사람은 외모가 다르고 성격, 능력, 적성, 흥미, 가치관이 다르며 각자가 독특한 존재입니다. 따라서 상담의 목표는 학생 개인이 스스로 자신을 소중한 인격체로 인정하고 자신의 개성을 존중하며 자신에 대한 올바른 이해를 할 수 있도록 돕는 것입니다.

열심히 살아야 해요

준수 씨(대학교 2학년, 남)가 지도교수님께 조언을 구할 것이 있다고 다급한 목소리로 전화했다. 지도교수님을 만난 준수 씨는 다짜고짜 집중이 안 돼서 힘들다고, 어떻게 하면 집중이 잘 되는지 조언을 듣고 싶다고 했다. 지도교수님은 준수 씨가 수업시간에도 맨 앞자리에서 열심히 참여하는 것을 알고 있었기에 무엇을 위해 그렇게 집중하고 싶은지, 집중해서 하려는 것이 무엇인지, 집중이 안 될 때는 어떻게 하는지 등에 대해 질문했다. 그 과정에서 준수 씨에게 '열심히 살아야 한다. 그렇지 않는 것은 죄악이다.'라는 생각이 뿌리 깊게 자리하고 있다는 것을 알게 되었다. 그런 생각을 가지게 된 이유까지는 묻지 않았으나 지도교수님은 준수 씨가 집중해서 하려고 하는 일들이 열심히 살아야 한다는 생각을 만족시키기 위한 것이지 준수 씨 자신이 진짜 원하는 것은 아닌 것처럼 보인다고 이야기했다. 그리고 진정으로 원하는 것이 아닌 것을 그렇게 집중해서 하느라 얼마나 애썼을지에 대해 공감해 주었다. 준수 씨는 그 이야기를 듣더니 잠시 생각에 잠겼다. 얼마 후 준수 씨는 "열심히 살려고만 했지 어떻게 사는 것이 열심히 사는 것인지에 대해서는 생각해 보지 못했네요."라고 하더니 조금 더 생각해 보겠다고 하였다.

2) 잠재 능력의 개발

학생 상담은 학생 개인의 잠재 능력의 발전과 개발을 목표로 합니다. 사람은 누구나 발전 가능한 잠재 능력이 있으나 환경적인 어려움이 있을 경우에는 그것을 제대로 발휘하지 못하게 됩니다. 따라서 교수는 학생의 발전 가능성을 깊이 인식하고 각 개인이 가지고 있는 잠재 능력을 개발해 최대한으로 성장할 수 있도록 도움을 제공해야 합니다. 또한 학생의 호기심, 흥미, 적성과 능력 등을 발견하고 그것을 충분히 발휘할 수 있도록 조력하는 자세 역시 필요합니다.

사 례

전공이 맞지 않아요

수민 씨(교육대학교 2학년, 여)는 학생상담센터에서 진행하는 자기성장 집단상담 프로그램에 참여했다. 교수님의 추천도 있었지만 1년 동안 학교를 다녀 보니 다양한 과목을 배워야 하는 것이 너무 스트레스도 되고, 자신이 초등학교 교사로서 적성이 있는지도 의문이 들었기 때문이었다. 집단에서 수민 씨는 이런 고민을 이야기했다. 집단상담자가 다른 학생들은 어떤지 묻자 석진 씨(교육대학교 2학년, 남)는 다양한 과목을 배우는 교육대학교가 오히려 좋다고 하였다. 그동안 그런 생각은 해 보지 않았는데, 그러고 보니 자신은 너무 깊이 있게 공부하는 것보다 조

금씩 다양한 과목을 공부하는 것이 지루하지 않아서 좋
다는 것이었다. 그래서 다양한 과목을 가르치는 초등학
교 교사가 자신에게 딱 맞는 것 같다고 하면서 좋아했다.
그에 비해 수민 씨는 자신의 학습 방식이 다른 학생들과
다르다는 것을 알게 되었다. 수민 씨는 자신이 강의 내용
만 이해하려고 하는 것이 아니라 관련된 내용을 좀 더 찾
아서 읽고 공부하려고 한다는 것을 알았다. 깊이 있게 공
부해서 이해되지 않으면 불안하기까지 했다. 수민 씨는
그 이야기를 하면서 자신의 학습 방식에 맞도록 깊이 있
는 공부를 할 수 있는 길을 찾아야겠다고 했다.

3) 대학 생활 적응 능력의 신장

대학생이 되면 대학이라는 새로운 환경에 놓이게 됩니다. 새
로운 환경은 학생에게 흥미, 도전, 성장의 기회이기도 하지만
적응이라는 커다란 과제로 다가오기도 합니다. 즉, 새로운 환
경은 학생에게 스트레스가 될 수 있으며, 이는 학생의 대학 생
활 적응에 어려움의 요인이 되기도 합니다. 학생 상담은 교수
가 학생에게 따스하고 지지적인 환경을 제공하고 스스로 정서
적인 지지 대상이 되어 돕는 것입니다. 이때의 정서적 지지는
스트레스를 완화하는 중요한 요인으로, 교수는 이것을 통해 학
생이 대학 생활에 잘 적응할 수 있도록 조력을 아끼지 말아야
합니다.

수업이 어려워요

입학한 지 1개월이 조금 지났을 무렵, 선진 씨(대학교 1학년, 여)가 자퇴를 하고 싶다고 지도교수님을 찾아왔다. 이유를 들어보니 동기들과 경쟁할 자신이 없고, 수업 내용도 너무 어렵다는 것이었다. 가정 형편이 어려워 고등학교를 다니다가 그만두고 혼자서 검정고시를 본 후 대학에 왔는데, 대학 공부도 혼자 하면서 자신이 수업을 못 따라가는 것 같다고 했다. 지도교수님이 그런 어려움을 선진 씨만 느끼는 것인지, 아니면 다른 친구들도 느끼는지 물어보니 다른 친구들과는 그런 이야기를 해 보지 않았다고 했다. 그러면서 사실은 자신이 나이로 따지면 삼수를 한 셈이어서 동기들과 어울리기 어렵다고 했다. 지도교수님은 마침 학생상담센터에서 자아성장과 자기표현을 위한 집단상담이 열린다는 소식을 듣고 선진 씨가 자신의 이야기를 다른 사람들과 나누는 것이 학교 생활 적응에 도움이 되겠다고 판단해 이 집단에 참여해 보라고 권유했다. 선진 씨는 일주일 동안 생각해 보기로 했고, 일주일 후 그 집단상담 프로그램에 참여해 보고 나서 자퇴 여부를 결정하겠다고 했다. 총 6회기로 진행되는 프로그램이었는데, 3회기를 마칠 즈음 선진 씨에게 어떤지 물으니, "저만 힘들어하는 것은 아니더라고요." 하며 다른 친구들과 생각을 나눌 수 있어서 좋았다고 하였다.

4) 문제해결 및 의사결정 능력의 신장

학생 상담은 학생의 문제해결 능력과 의사결정 능력을 신장시킵니다. 많은 학생이 자신의 문제를 인식하지 못하거나 회피하려는 경향을 지닙니다. 학생에게 상담이 필요하다는 것은 현재 학생이 스스로 해결하기 어려운 문제를 가지고 있다는 것을 의미합니다. 교수는 학생이 문제를 스스로 해결하기 위해 그것을 인식하고 해결책을 선택한 후 결정할 수 있도록 정보를 제공해야 하고, 문제해결 시 나타나는 정서적 문제나 심리적 특성을 분석하여 문제해결에 방해가 되는 원인을 극복하도록 도와야 합니다.

> 사 례

학교를 그만두고 싶어요

기선 씨(대학교 2학년, 남)는 1학년 두 학기 모두 학사경고를 받아 지도교수님과 상담하게 되었다. 교수님과 이야기를 나누면서 기선 씨는 자신이 지금의 학교와 전공을 하고 싶었던 것이 아니라 사실다른 대학 행정학과에 진학하고 싶었다고 하였다. 그런데 삼수를 하기는 싫어서 그냥 지금의 대학으로 오게 되었고, 특별히 불만도 없어서 그냥 다니게 되었다는 것이다. 즉, 불만도 없지만 딱히 열의도 없었다. 첫 학기를 그렇게 어정쩡하게 다니다 보니 학사경고를 받게 되었고, 2학기에는 학사경고는 면해야겠다고 생각했으나 막상 시험 기간이 되니 공부를 너무 하기 싫었다고 한다. 그리고 2학년이 되어 이번에는 열심히 해 봐야겠다고 결심하고 학기 초에 도서관에도 가면서 공부를 해 보려 했지만 며칠 지나지 않아서 다시 계획이 무너져 버렸다. 지도교수님은 기선 씨에게 현재 학교와 전공에 대한 만족도를 10점 만점으로 평가해 보도록 했다. 기선 씨는 잠시 생각하더니 5점이라고 했다. 학점만 아니면 딱히 불만스럽지도 않지만, 그렇다고 아주 만족스럽지도 않다는 것이었다. 지도교수님은 기선 씨의 열정도 5점만큼이라서 학업에 지속적으로 집중하기도 어렵고 적극적인 학교생활도 어려울 수밖에 없겠다고 하며 공감해 주었다. 그런 후 기선 씨에게 어떻게 하고 싶은지 물었다. 그러자 기선 씨는 "열심히 해야죠."라고 말했다. 지도교수님은 "열심히 하려는 마음은 이해되지만, 아마도 지금과 같은 마음이라면 앞으로도 집중하고 적극적으로 학업에 임하기는 어려울 것 같아요. 어쩌면 행정학과에 대한 미련을 버리지 못하고 있는 것처럼 보이기도 하고요. 그러다 보니 어정쩡하게 선택하고 있는 것으로 보여요. 어쩌면 좋을까요?"라고 되물었다. 기선 씨는 고개를 끄덕이더니 "그 말씀이 맞는 것 같아요. 미련이 남아서 자꾸 '한 번만 더 할까?'라는 생각도 하고, 공부하기 싫으니 '군대나 다녀올까?'하고 도망가고 싶은 마음만 느끼는 정도였지 어느 하나를 확실하게 선택하기는 주저하고 있었네요. 지금 당장 이쪽을 선택하는 것은 힘들겠지만 조금 제 자신을 돌아보아야겠어요. 그런 후에 더 이상 선택을 미루지 말아야겠네요."라고 하였다.

5) 대인 관계 능력의 향상

학생 상담은 대인 관계 능력을 향상시킵니다. 학생들이 흔히 겪는 대부분의 문제는 대인 관계의 실패에서 오는 경우가 많습니다. 원만한 대인 관계는 학생의 대학 생활 적응 능력과 자아 성장을 촉진하는 자원이 됩니다. 따라서 학생은 자신의 성공적인 대학 생활을 위해서 타인과 건전하게 더불어 사는 방법을 터득해야 합니다. 교수와 학생의 상담은 작은 대인 관계라고 할 수 있는데, 이를 통해 학생은 교수와 건전하게 대인 관계를 맺는 방법을 학습할 수 있으며 이를 다른 대인 관계에까지 확장할 수 있습니다.

사 례

친구들과 어울리지 못하겠어요

심 교수님은 지나가는 길에 지도학생인 미영 씨(대학교 4학년, 여)가 교정 벤치에 멍하니 앉아 있는 것을 몇 번이나 목격했다. 이상하게 여긴 심 교수님은 미영 씨에게 함께 이야기해 볼 마음이 있는지 물었다. 잠시 주저하던 미영 씨는 좋다고 이야기하였고, 면담 시간을 정했다.

무척이나 바쁜 부모님 밑에서 장녀로 자란 미영 씨는 어려서부터 혼자 노는 경우가 많다 보니 친구들과 노는 것이 익숙지 않아 초등학교 때에는 왕따를 당하기도 했다. 그런 미영 씨가 친구들과 어울릴 수 있는 방법으로 찾은 것이 누가 부탁하면 거절하지 않는 것이었다. 그런데 그러다 보니 다른 친구들에게 이용당하고 상처받는 경험이 잦았다. 최근에도 친구가 자신을 이용했다는 것을 알고 너무 심한 배신감에 죽고 싶은 마음이 들었다고 했다. 그리고 이제는 사람이 너무 두렵다고 했다.

심 교수님은 미영 씨가 있는 그대로 자신의 이야기를 충분히 하는 것이 필요하다고 생각하여 학생상담센터에 의뢰해 상담자와 매주 만나 이야기할 수 있게 했다. 그리고 권위를 가진 어른과도 이야기해 보는 경험을 갖는 것이 좋겠다고 생각해 일주일에 한 번씩 20분간 이야기하도록 했다.

이런 시간이 4개월 정도가 지나면서 부모님도 미영 씨의 어려움을 알고 더 적극적으로 대화하게 되었다. 그리고 미영 씨는 상담을 통해 자신을 마음껏 표현해 보고 수용되는 경험을 하면서 점차 자신감도 회복하고 대인 관계에 대한 두려움도 조금씩 줄여 나갔다. 또한 사진 동아리 사람들을 만나 자신의 생각과 감정을 있는 그대로 이야기해 보는 경험을 하면 그렇게 해도 괜찮다는 것을 처음 알았다고 했다. 점차 미영 씨는 관계를 맺는 것이 자연스러워진다고 했다.

2_장

대학생 상담의 기본 태도

　학생이 자아를 실현하고 성장하기 위해 가장 필요한 것은 자신이 가진 자원과 내적 힘입니다. 하지만 그 길을 가는 데는 적응의 어려움, 대인 관계의 어려움, 동기의 부족 등 여러 방해물이 있습니다. 따라서 함께 협력하여 방해물을 제거하고 도움을 줄 수 있는 사람이 필요합니다. **그 사람이 바로 교수입니다.**

　교수와 학생의 상담은 교수라는 역할과 학생이라는 역할에 앞서서 사람과 사람의 만남이라고 할 수 있습니다. 사람과 사람이 만나서 서로가 바라는 방향으로 성장하기 위해서는 상대방의 '**마음**'을 변화시켜야 합니다. 마음은 사람을 움직이는 중심축으로, 사람의 행동 및 생각을 비롯하여 일상생활을 가능하게 하는 원동력입니다. 학생이 보이는 대부분의 어려움을 비롯한 여러 가지 행동은 실제로 마음의 작용으로 일어나는 것입니다. 따라서 상대방의 마음을 변화시키고 움직이는 것이 중요하며, 그런 과정이 상담의 성패를 좌우한다고 해도 과언이 아닙니다. 이는 상담뿐 아니라 소통이 요구되는 모든 대인 관계에서도 마찬가지입니다. 그러기 위해서는 **상대방의 마음을 제대로 이해하고 그 마음을 비판 없이 그대로 수용해 주는 것이 가장 중요합니다.** 다음은 학생 상담 시 교수가 지녀야 할 기본적인 태도입니다.

1. 학생을 수용하기

'비판 없이 있는 그대로'

상담에서 사람의 성장을 촉진하는 핵심은 수용(acceptance) 또는 존중(regard)입니다. 즉, 수용이란 상대방이 어떤 행동을 해도 그를 하나의 인격체로 소중하게 여기면서 받아들이는 것이듯, 교수는 학생을 비판 없이 한 인격체로 인정해야 합니다. 그러지 않으면 학생을 정확하게 이해할 수 없으며, 그들의 행동을 좋고 나쁨으로 판단하여 섣부른 충고나 조언을 하게 될 것입니다. 물론 상대방을 무조건적으로 존중하고 수용한다는 것이 쉬운 일은 아닙니다. 하지만 항상 그 학생을 하나의 인격체로 생각하고 대하려는 기본 마음을 잊지 않는다면 그리 어려운 일도 아닐 것입니다.

사 례

이성 교제로 인해 학사경고를 받았어요

인성 씨(대학교 3학년, 남)는 1학기에 학사경고를 받았다. 지도교수님은 인성 씨를 포함하여 학사경고를 받은 학생 3명을 불러 함께 상담했다. 이야기를 나누면서 인성 씨는 자신이 수업을 자주 빠지다 보니 학사경고를 받을 수밖에 없었다고 했다. 어떻게 해서 수업을 자주 빠지게 되었는지 묻자 그는 잠시 주저하더니 여자 친구 때문에 그랬다고 했다. 좀 더 이야기해 줄 수 있는지 묻자 여자 친구와 있는 것이 좋아서 여자 친구가 놀러 가자고 하면 그냥 놀러 가고, 헤어지기 싫어 수업도 빠져 가며 같이 있곤 했단다. 이 이야기를 들은 교수님은 "그때는 다른 무엇보다도 여자 친구와 함께 있는 것이 중요했나 봐요."라고 했다. 그리고는 어떤 점에서 여자 친구가 다른 활동을 모두 그만두고 싶을 만큼 좋았는지 묻자 인성 씨는 잘 모르겠다고 했다. 대학교 1학년 때도 여자 친구를 사귀었는데, 그때도 학점이 좋지 않았다고 했다.

상담을 진행한 지도교수는 인성 씨가 여자 친구와 헤어지고 싶지 않아서 수업에 많이 빠질 수밖에 없었다는 것을 수용했습니다. 그리고 인성 씨를 좀 더 이해하기 위한 탐색 질문을 했습니다. 이 질문을 받은 인성 씨는 여자 친구와 관련된 자신의 경험을 생각하고 무엇이 자신을 그렇게 여자 친구에게 빠지게 만드는 것인지 생각해 보는 기회를 가지게 되었습니다.

유연한 관점

새벽 2시에 모피 코트를 걸치고 다이아몬드 반지를 낀 중년 남자가 당신의 집 현관문을 두드립니다. 그리고 가로 2m, 세로 1m, 폭 3cm짜리 나무판자를 구해 준다면 1억 원을 주겠다고 합니다. 그럼 당신은 어떻게 하겠습니까?

이 상황은 하버드 대학교의 랭어(E. J. Langer) 교수가 사람들의 고정관념과 유연하지 못한 사고에 관해 연구한 실험 상황입니다. 대부분의 사람들은 "미친 놈!"이라고 말하며 문을 닫아 버렸지만 10% 정도의 사람들은 나무판자를 구하려고 집 안을 이리저리 뛰어다녔다고 합니다. 하지만 사실 그 남자가 제시한 나무판자의 크기는 일반적인 가정집에 달려 있는 문의 크기와 같습니다.

우리는 어떤 사물을 '문'이라고 한번 생각하면 그 사물을 더 이상 다른 용도로 생각하지 못합니다.

랭어 교수는 사고의 유연함을 강조했는데, 이를 '유연한 관점(mindfulness)'이라고 하였습니다. 그녀의 연구에 따르면, 많은 사람들이 사건이나 사물을 지각하고 받아들일 때 기존에 가지고 있던 자신의 일정한 틀로 받아들이는 경향이 있다고 합니다. 그러한 경향성은 무수한 정보를 신속하고 자동적으로 처리·분류하는 장점이 있지만, 한편으로는 그렇게 기존 방식이나 틀로만 해석할 경우 상황의 변화를 쉽게 알아차리지 못해서 실수를 할 수도 있다고 합니다.

'다름'을 인정하는 것은 생각처럼 쉽지 않습니다. 사람들은 다름을 그대로 받아들이기보다는 다름을 배척하거나 자신과 같게 만들기 위해 노력합니다. 그러나 학생의 욕구나 감정, 생각을 비난 없이 들어주기 위해서는 '다름'을 다양하고 유연한 관점으로 바라보는 연습이 필요합니다. 가령, 어떤 학생이 친구들과 자주 다투는 경우, 친구와 항상 사이좋게 지내야 한다는 관점만을 가지고 있는 교수라면 그러한 학생의 행동이 자신의 관점과 다르기 때문에 "싸우는 것은 나쁜 행동이야. 친구와 사이좋게 지내."라고 비난하게 됩니다. 그러나 싸움을 '학생이 자신의 의사를 표현하는 방식'이라는 다른 관점으로 바라보면 학생의 행동을 비난하기보다는 그들에게 싸움이 아닌 더 좋은 의사 표현 방식을 함께 찾도록 하는 기회를 줄 수 있을 것입니다.

학생의 행동에는 좋은 면과 나쁜 면이 항상 공존합니다. 매사에 느리고 소심해 보이는 학생의 행동이 다른 상황에서는 신중하고 사려 깊은 행동이 될 수 있습니다. 그리고 감정적이고 즉흥적이라서 다른 학생들과 쉽게 문제를 일으키는 학생의 행동은 다른 상황에서 역동적이고 적극적인 행동으로 작용하기도 합니다. 우리가 나쁘고 잘못되었다고 생각하는 행동도 예외 없이 긍정적인 면을 가지고 있습니다. 그러한 긍정적인 면을 부각시켜 학생의 강점으로 만들어 주는 것이 필요합니다.

2. 학생을 공감하기

'역지사지'

공감(empathy)이란 학생이 이야기하고자 하는 것, 학생이 전하고자 하는 감정과 생각을 정확하게 이해하는 것입니다. 효과적인 공감을 위한 방법에는 여러 가지가 있지만 가장 우선시되는 것은 학생의 입장에서 생각해 보는 것입니다. 학생은 타고난 천성뿐 아니라 경험하고 자란 사회, 심리적 · 물리적 환경에 따라 다른 가치관을 가지고 있습니다. 공감은 학생을 '나와 같아야 한다.'는 생각으로 바라보는 것이 아니라 그들의 다양성과 다름을 인정하며 그들이 이야기하는 것을 그대로 존중하고 그것을 충실히 들어주는 것입니다. 하지만 학생의 말이나 행동을 교수가 자신의 잣대로 판단하거나 자신에게 편한 것만을 받아들여 충고하고 설득하려 한다면, 학생은 자신의 행동에 부끄러움을 느끼고 교수에게 마음의 문을 열지 않을 수도 있습니다.

공감을 돕는 또 다른 방법은 학생이 이야기하는 것을 잘 듣는 것입니다. 잘 듣는다는 것은 학생의 말을 문자 그대로 해석하기보다는 그들이 이야기하고자 하는 내용을 정확하게 이해하는 것입니다. 학생의 마음을 정확하게 이해해 주는 것은 학생과 교수의 신뢰에 기본이 됩니다.

과거 놓아주기

선미 씨(대학교 2학년, 여)는 다른 대학에서 경영학을 전공한 후 작은 회사를 다니다가 국어 교사가 되고 싶어서 직장을 그만두고 지금의 대학에 입학했다. 나이 어린 동기들과 함께 학교를 다니느라 1학년 때는 정말 정신없이 공부해야 했다. 임용 시험 경쟁률도 만만치 않은 데다 늦게 공부를 시작했기 때문에 더욱 열심히 해야 한다고 생각했던 것이다. 그런데 1학년을 마치고 학점을 받아 보니 학점도 잘 나오고, 수업 시간에 교수님들로부터 인정도 받게 되면서 긴장했던 마음이 조금씩 편안해졌다. 그렇게 학교에 잘 적응하면서도 한편으로는 오히려 우울해지기 시작해 나중에는 견디기 힘든 지경에 이르렀다. 나이 어린 동기들과 이야기할 수도 없고, 부모님께 이야기하자니 괜히 직장 그만두고 힘들어한다고 이해해 주시지도 않을 것 같아 혼자서만 고민하다가 지도교수님을 찾아갔다. 지도교수님은 선미 씨의 상황을 들은 후 "마음이 편안해지면서 어떤 생각이 들었나 봐요?"라고 물었다. 선미 씨는 자세히 이야기하지는 않았지만 회사에 다니다가 그만두고 다시 공부를 시작하는 과정에서 너무 힘들어 죽고 싶다는 생각을 자주 했다고 한다. 그런데 잘 적응하면서 마음이 조금씩 편해지자 요령을 피우는 자신의 모습이 보여 견디기 힘들었다고 한다. 지도교수님은 "'과거의 힘들었던 선미 씨'가 '편안해하는 현재의 선미 씨'에게 열심히 살지 않는다고 비난해서 죄책감이 드나 봐요."라고 했다. 선미 씨는 "그러게요. 과거의 나는 '안녕'

하고 보냈다고 생각했는데 아직 안 갔나 보네요."라고 말
했다.

선미 씨의 지도교수는 비록 선미 씨의 어려움을 해결해 주지
는 않았지만 열심히 선미 씨의 이야기를 따라가 주고 공감적으
로 이해해 주었습니다. 그래서 선미 씨는 지도교수와 20분 정
도 이야기를 나누면서 당장 문제가 해결된 것은 아니지만 마음
이 정리되고 해결의 실마리를 찾은 것 같다고 하였습니다.

3. 학생을 진실하게 대하기

'솔직히'

세상에는 다양한 만남이 있습니다. 그러한 만남 중에는 매우
친절하고 상냥한 느낌을 주는 사람이지만 막상 만나고 나면 기
분이 좋지 않은 사람도 있습니다. 왜냐하면, 이들에게는 진실
성이 없어 보이기 때문입니다. 그래서 그러한 사람들에게는 자
신의 이야기를 터놓거나 자신의 고민을 상의하고 싶은 마음이
생기지 않습니다.

진실성이란 솔직하게 자신의 생각이나 감정을 두려움 없이
표현하는 것입니다. 상대방에게 잘 보이기 위해서, 좋은 평가

를 받기 위해서, 상대방이 자신을 거부할까 봐 두려워서 자신의
생각이나 감정을 숨기고 왜곡하는 것이 아닙니다. 진실함이 때
로는 학생의 아픈 곳을 건드리기도 합니다. 하지만 '저분은 최
소한 거짓말은 안 해.'라는 생각을 갖게 하면서 교수의 말과 행
동에 신뢰감을 갖도록 해 줍니다. 교수에게 진실성이 느껴지지
않으면 학생들은 교수의 말과 행동을 신뢰하지 않습니다. 따
라서 상대방에게 진실하게 자신을 개방하려면 용기가 필요합
니다.

사 례

서운했어요

유리 씨(대학교 1학년, 여)는 연기를 전공하고 싶었는데 부
모님의 강권에 못 이겨 사회복지학을 전공하게 되었다.
한 학기를 다녀 보았지만 전공에 흥미를 느끼지 못했고,
시간만 낭비하는 것 같은 생각에 지도교수님을 찾았다.
지도교수님은 우선 유리 씨가 힘들어하는 마음을 공감
해 주었다. 그리고 유리 씨에게 부모님의 강권이 있었다
고 했는데 어떤 점에서 거부하기 힘들었는지를 물었다.
그러자 유리 씨는 집안의 경제 상황이 그리 넉넉지 않아
서 부모님은 자신이 빨리 대학을 졸업해 안정적인 직장
에 다니기를 바랐다고 한다. 지도교수님은 유리 씨에게
자신이 원하는 진로를 선택하는 것보다 부모님의 말씀을
따르는 것이 그때는 더 중요했나 보다고 했다. 자신이 부
모님의 강권 때문에 연기를 못했다고만 생각하고 있었는

데 지도교수님이 자신의 선택이었다고 하니 유리 씨의 얼굴이 잠시 붉어졌다. 지도교수님은 이어서, 한 학기를 보내고 나니 자신에게 불편한 마음이 든 것을 충분히 이해할 수 있는지, 자신의 진로를 선택하는 것과 부모님의 말씀을 따르는 것에 대해 지금의 마음은 어떤지를 물었다. 유리 씨는 한동안 말이 없었다. 그러더니 "그렇네요. 지금도 불만스럽긴 한데 확 선택은 못하겠네요. 진짜 원하는 것이 무엇인지 좀 더 생각해 봐야겠어요."라고 대답했다.

앞의 사례에서 지도교수의 말은 유리 씨에게 아픈 곳을 찌르는 부분일 것입니다. 이전에는 부모님 탓으로 돌림으로써 자신의 불평을 정당화할 수 있었는데 이제는 더 이상 그럴 수 없게 되었기 때문입니다. 그러나 지도교수는 유리 씨의 성장을 위해서 그런 아픔이 어쩔 수 없는 것이라 생각하여 담담하게 이야기한 것이었습니다.

4. 학생의 강점 격려하기

'문제 해결의 힘 키우기'

『칭찬은 고래도 춤추게 한다』(조천제 역, 2003)라는 책 제목처

럼 사람은 타인에게 인정과 칭찬을 받으면 신이 나서 자신의 일
을 더 열심히 하게 됩니다. 칭찬거리나 강점을 가지지 않은 사
람은 없습니다. 다만 그 사람이 처한 환경에 의해서 그 강점이
드러나지 않은 것일 뿐입니다. 때로는 어려움을 가만히 견디고
있는 것도 강점이 됩니다. 대학생도 현재 여러 가지 어려움을
가지고 있으며, 그 어려움이 단점처럼 보일 수도 있지만 그들이
가진 자원과 장점, 능력 등을 찾아서 격려해 주면 어려움을 해
결할 수 있는 힘이 자신에게 있다고 생각하게 됩니다. 문제 해
결은 자신이 문제를 해결할 수 있다는 믿음에서 시작합니다.
그러므로 학생의 작은 행동이라도 관심 있게 바라보고 강점으
로 만들어 줄 수 있는 태도가 필요합니다.

Tip

학생을 격려하는 방법

- 가치와 잠재력을 신뢰한다.
 "어려운 일이지만 학생이 그것을 해낼 것이라고 믿어요."
 "나는 학생의 판단을 믿어요."

- 결과보다는 노력을 인정한다.
 "그런 상황에서 학생이 열심히 노력했다는 것이 정말 중요
 하지요."

"나는 학생이 문제를 해결하려고 노력하는 게 마음에 들어요."

- 과정이나 향상을 강조한다. 여기서의 향상은 타인과의 비교를 통한 것이 아니라 학생 자신이 수행한 선행 결과와 비교한 것이다.
  "학생의 노력으로 친구들과의 관계가 점점 더 좋아지고 있네요."
  "조금씩 학생이 원하는 것이 무엇인지 뚜렷해지고 있네요."

- 행동 수행의 결과로 학생이 자기 자신에 대해 가질 수 있는 자부심 또는 긍정적 감정에 초점을 둔다.
  "용기를 내서 그건 부당하다고 말도 했고, 게다가 그 결과도 좋으니 뿌듯하겠어요."
  "자신에 대해서 자랑스럽게 느끼겠어요."

- 학생의 행동 중 좋은 부분은 인정하고 기준에 미치지 못하는 부분은 무시하라.
  "친구에게 싫다고 이야기하려고 전화까지는 걸었군요."
  "과제에 집중하려고 방청소까지는 했군요."
  "그 강의가 지루했지만 그래도 끝까지 집중하려고 노력했군요."

• 행동의 기능적 가치보다 사회적 유용성을 강조한다.

  "학생이 과제를 해결하는 데 도움이 되는 홈페이지를 알려

  줘서 다른 학생들의 수고를 많이 덜어 주었네요."

출처: 나미현, 오익수, 2011; Dinkmeyer & Losoncy, 2012; Kottman, 2003.

대학생 상담의 기본 전략

교수가 가지고 있는 마음은 대부분 그 자신의 말과 행동을 통해 전달됩니다. 그런데 이 과정에서 간혹 오해를 불러일으키기도 합니다. 효율적인 상담을 위해서는 교수의 마음을 정확하게 전달할 수 있는 의사소통 방법을 습득하고, 이를 연습하는 것이 중요합니다.

다음은 학생의 마음을 열기 위한 구체적인 상담 전략입니다 (Egan, 2010).

1. 신체적 주의 기울이기

교수의 비언어적인 행동은 학생에게 민감하게 전달될 수 있기 때문에 세심한 주의가 필요합니다. 말로는 학생을 이해하는 것처럼 이야기하지만 팔짱을 끼고 있거나 표정을 찡그린다면 학생은 교수의 말을 믿지 않을 것입니다. 상담 시 적절한 신체적 주의 기울이기는 교수와 학생 간의 의사소통을 촉진합니다. 그 방법은 다음과 같습니다.

1) 정면으로 마주보기(sit squarely)

[사진 1] 정면으로 마주보기 잘된 예

[사진 1]처럼 교수가 학생을 정면으로 마주하고 시선을 마주친다면, 교수의 관심이 오로지 학생에게 있다는 것을 보여 줄 수 있습니다. 교수의 이런 자세는 학생을 돕고자 하는 의사를 분명하게 전달하며, 학생의 이야기에 집중하고 있다는 메시지를 전달합니다. 교수는 학생과 마주 앉아서 학생을 부드럽게 바라보면서 이야기를 나눕니다. 또한 학생이 이야기하고 있을 때는 다른 쪽으로 얼굴이나 시선을 돌리지 말아야 합니다. 반면에 잘못된 예([사진 2])처럼 교수가 몸을 다른 곳으로 향하면 그만큼 다른 곳에 관심을 두고 있다는 것을 보여 주는 것입니다.

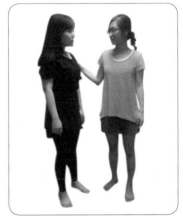

[사진 2] 정면으로 마주보기 잘못된 예

2) 개방된 자세(open posture)

교수의 개방된 자세
는 학생의 마음을 열어
줍니다. 따라서 교수는
상담이 진행되는 동안
학생에게 개방된 자세
를 취해야 합니다. 다

[사진 3] 개방된 자세 잘된 예

리를 꼬거나 팔짱을 낀 자세는 학생에게 거부감을 주고, 책상이
나 탁자, 그 위에 올려놓은 장식물과 같은 물건도 개방된 자세
에 방해물이 됩니다.
그러한 방해물은 학생
에게 심리적 거리감을
느끼게 합니다. 따라서
가능하면 책상이나 탁
자는 없는 것이 좋지만

[사진 4] 개방된 자세 잘못된 예

부득이하게 그것을 사이에 두는 경우에는 그 위에 아무것도 올
려놓지 않는 것이 좋습니다.

3) 약간 앞으로 기울이는 자세(lean toward the student)

교수가 자신의 몸을 약간 앞으로 기울이는 것은 자신이 학생
에게 관심을 가지고 있으며 학생의 말을 집중해서 들으려 한다

[사진 5] 약간 앞으로 기울이는 자세 잘된 예

[사진 6] 약간 앞으로 기울이는 자세 잘못된 예

는 적극적인 마음을 보여 줍니다. 그러나 지나치게 앞으로 기울이는 자세는 오히려 학생의 사적인 영역을 침범하려는 것처럼 보일 수 있기 때문에 주의해야 합니다. 반면에 자세를 뒤로 젖히는 것은 학생에게 관심이 별로 없는 것으로 비칠 수 있으며 권위적이라는 인상을 주기도 합니다.

4) 시선 접촉 유지하기(maintain eye contact)

상담에 집중하는 정도는 시선의 유지로 전달될 수 있습니다. 시선을 마주치는 것은 상대방에 대한 관심과 신뢰를 표현하는 것으로, 학생과의 관계 형성을 도울 수 있습니다. 시선 접촉은 학생을 뚫어지게 쳐다보는 것이 아니라 분산되지 않는 따스한 시선으로 학생을 지속적으로 쳐다보는 것입니다. 학생과 이야기하는 도중에 시선을 피하는 행동은 그들에게 교수의 진실성을 의심하게 만듭니다. 또한 학생을 너무 똑바로 쳐다보는 것은 그들이 공격적 행동으로 인식하기도 합니다.

5) 이완된 자세(relaxed)

앞서의 4가지 행동을 하는 동안 교수는 긴장하지 않아야 합니다. 처음 상담을 진행하는 교수는 '학생에게 좋은 모습을 보여야 하는데' '학생에게 도움을 주어야 하는데' 등의 생각으로 그들을 자연스럽게 대하지 못합니다. 그러한 교수의 긴장되고 경직된 태도는 학생에게 불편함을 줄 수 있습니다. 교수가 편안한 태도를 보여야 학생도 편안함을 느끼고 자신의 이야기를 자연스럽게 할 수 있습니다. 또한 교수가 긴장해 있으면 학생이 이야기하는 내용을 제대로 알아들을 수도 없습니다.

Tip

학생에게 거부감을 주는 자세

다음의 자세 또는 행동은 학생에게 권위적이고 거부적인 인상을 주거나 진실하지 않은 인상을 주기 때문에 주의해야 합니다.

- 팔짱을 끼고 앉는 자세
- 시선을 피하는 자세
- 상체를 뒤로 젖히는 자세

- 다리를 꼬고 45도 비스듬하게 앉은 자세
- 상담 중 전화나 다른 업무를 보는 행동
- 손이나 옷깃, 책상 위의 다른 물건을 만지작거리는 행동
- 다리를 떠는 행동
- 주머니에 손을 넣고 있는 자세
- 학생 쪽으로 상체를 너무 기울인 자세
- 손가락으로 학생을 가리키는 행동

2. 학생의 말을 듣는 기술

대화를 잘하기 위해 가장 중요한 것은 학생의 말을 잘 듣는 것입니다. 학생의 말을 잘 듣는다는 것은 학생이 마음속에 가졌던 생각이나 감정을 잘 전달받는 것을 의미합니다. 어떻게 하면 학생의 마음속에 있던 원래의 뜻을 그대로 들을 수 있을까요?

가장 필요한 것은 교수가 자신의 주관, 선입견, 편견, 관념 등을 버리고 학생을 바로 보는 것입니다. 학생의 말을 듣기 전이나 듣는 도중에 교수의 주관이 들어가면 학생의 마음이 제대로 전달될 수 없습니다.

그다음은 교수의 관심과 주의를 온통 학생에게 쏟는 일입니다. 그리고 학생이 말을 계속할 수 있도록 도와야 합니다. 때로는 말없이, 때로는 장단을 맞추어, 때로는 학생이 말한 것을 되

돌려주기도 하면서 말입니다.

다음은 학생이 말하는 것을 잘 듣기 위한 대화 기술입니다.

1) 침묵하기

특별히 다른 아무것도 하지 않으면서 이야기를 묵묵히 들어 주는 것입니다. 학생이 열심히 자신을 표현하고 있을 때, 학생의 이야기를 들으면서 특별히 말할 내용이 떠오르지 않을 때, 말보다는 몸으로 대화하는 것이 훨씬 바람직하다고 생각할 때는 침묵을 지키면서 학생의 이야기에 몰입하는 것이 가장 좋습니다. 이때 말을 하지 않더라도 고개는 가볍게 끄덕입니다.

2) 장단 맞추기

장단 맞추기는 대화하는 상대방의 분위기와 이야기 흐름에 장단을 맞추어 주는 반응입니다. 대화를 하면 할수록 더 대화하고 싶은 사람은 언어적·비언어적 장단 맞추기를 잘 사용하는 사람입니다. 그러므로 학생이 이야기를 하면 학생의 신체적·정서적 표현과 생각에 "음, 음."과 같은 말로 장단을 맞추어 주는 것이 중요합니다.

- 대화의 예
  "음, 그렇군요."

"아, 그래요?"

"아, 저런!"

"그래서요?"

"아이고."

3) 명료화하기

명료화는 학생과의 대화 내용을 분명히 하고 학생이 표현한 것을 자신이 정확히 지각하였는지 확인하는 대화 기술입니다. 학생이 전달하는 말의 속뜻을 잘 이해하지 못했을 때, 학생이 표현한 내용을 보다 정교하게 이해하려 할 때, 자신이 들은 내용의 정확성 여부를 직접 점검하고 싶을 때 사용할 수 있습니다. 상담을 하다 보면 대화 도중에 불명확한 대명사, 모호한 어휘, 다중 의미를 가진 어구, 틀린 문법 등을 사용함으로써 혼란스러워질 때가 있는데 그런 경우 명료화 기술을 사용합니다.

명료화를 하는 요령은 학생의 말을 반복하면서 "……라는 뜻인가요?" "……라는 말인가요?" "그것이 정확하게 무엇을 뜻하는지요?"와 같이 묻는 것입니다. 명료화 기술을 사용하면 중간중간 사실을 확인함으로써 학생의 말이 지니는 원뜻을 정확하게 이해할 수 있고 이야기 흐름이 다소 산만해지는 것을 막을 수 있습니다.

● 대화의 예

학생: 교수님, 저는 학교에 오는 것이 싫어요. 아이들이 저를
　　　이상하게 생각하는 것 같아요. 차라리 제가 사라져 주는
　　　것이 나을 것 같아요.

교수: 학생이 사라져 주는 것이 나을 것 같다는 말이 무슨 뜻인
　　　지 이야기해 줄 수 있나요?

4) 재진술하기

　재진술이란 학생의 말에 표현된 핵심 내용을 되돌려주는 기
술로서 학생이 표현한 것을 교수의 말로 바꾸어 표현하는 것입
니다. 단순히 반복하는 것이 아니라 이를 듣고 교수가 이해한
내용을 되돌려주는 것을 말합니다. 이 기술은 학생에게 자신의
말이 제대로 이해되고 있는지 판단할 수 있게 해 주며 교수에
대한 신뢰감을 줍니다.

● 대화의 예 1

학생: 학과 모임에 가면 선배들이 자꾸 술을 권해요. 저는 술
　　　마시는 게 정말 싫어요. 그런데 안 마시면 후배가 건방지
　　　다고 선배들이 화를 내요.

교수: 학생은 선배들이 학생이 싫어하는 행동을 강요한다고 생
　　　각하는군요.

- 대화의 예 2

  학생: 교수님이 어떤 때는 잘 해 주시다가 어떤 때는 엄하게 구세요. 교수님의 진짜 마음을 모르겠어요.

  교수: 교수님의 행동이 자주 바뀌어서 교수님의 진짜 마음을 모르겠다는 말이군요.

5) 감정 읽어 주기

감정 읽어 주기는 학생이 경험하고 있는 세계로 들어가 학생의 감정을 같이 느끼는 것입니다. 또한 학생의 이야기에 담겨 있는 감정을 알아 줌으로써 학생에게 그 자신의 깊은 마음이 이해받고 있다는 느낌을 줍니다. 학생의 이야기에 담긴 감정을 읽어 주기 위해서는 우선 학생의 말을 잘 경청한 후, 진술 속에 포함되어 있는 감정을 생각해 보아야 합니다. 그런 후, 그런 감정을 갖게 된 이유, 즉 특정 사건이나 사람 또는 생각을 고려해 보고 "……때문에 ……한 기분이 드는군요. 학생은 ……하기를 원하는데."라는 형태로 말해 줍니다.

- 대화의 예 1

  학생: 어젯밤에 과외에서 잘렸어요. 전화로 그만 오라고 했는데 전 정말 황당했어요. 이유도 모르고 잘리다니…….

  교수: 과외를 일방적으로 그만두라고 해서 충격을 받았나 보군요. 학생은 그 이유라도 알고 싶은데요.

- 대화의 예 2

    학생: 정말 아침에 학교에 오는 것이 힘들어요. 왜 와야 하는지
    도 모르겠고요. 저는 이 학교에 오고 싶지 않았어요. 과
    도 마음에 들지 않고요. 그런데 부모님이 무조건 가라고
    해서 왔어요.

    교수: 학생은 부모님의 강요로 우리 학교에 오게 된 것이 마음
    에 들지 않는군요.

6) 요약하기

요약하기란 둘 이상의 언어적 표현을 묶어서 동일한 의미의
말로 바꾸어 기술하는 것입니다. 즉, 요약하기는 학생의 언어
적 표현 중 공통적인 주제와 유형을 밝히고 지나치게 두서없는
이야기를 정리하여 상담을 진행하는 것이 목적입니다.

- 대화의 예

    학생: 요즘은 영어를 못하면 안 되잖아요. 그래서 영어 학원에
    도 다녀 보고 요리도 배워 볼까 싶어요. 그런데 요즘 요리
    가 뜨고 있다고는 해도 정말 제가 잘할 수 있을지 모르겠
    어요. 제가 어릴 때부터 그림을 좋아해서 그림을 배워 볼
    까 싶기도 한데 그러려면 학교를 바꾸어야 할 것 같아요.

    교수: 학생은 하고 싶은 것을 찾기 위해서 영어도 배우고, 요리
    도 배우고, 그림도 배워 보고 싶다는 말이군요.

7) 구체화하기

학생과 대화를 하면서 그들의 세계를 잘 이해하는 방법은 그들이 표현하는 내용을 정확히 이해하는 것입니다. 구체화는 메시지 중에서 불분명하고 불확실한 부분, 애매모호해서 혼란을 주는 부분, 학생 고유의 지각이 반영되어 선뜻 이해하기 어려운 부분을 정밀하게 확인하는 것입니다. 특히 학생이 즐겨 사용하는 낱말과 개념의 의미를 구체화해야 합니다.

- 대화의 예

  "학생은 '학과가 저의 성격과 맞지 않아요.'라고 이야기했는데, '성격과 맞지 않는다'는 것이 구체적으로 어떤 뜻이지요?"

  "기분이 나쁘다는 말이 무슨 뜻인지 조금 더 구체적으로 말해주시겠어요?"

  "그 느낌을 다른 말로 표현한다면 어떤 말이 적당할까요?"

  "그와 유사한 느낌을 표현하는 다른 낱말에는 어떤 것이 있을지 궁금하군요."

3. 학생에게 말을 하는 기술

학생과 상담을 한다고 해서 학생이 자기 속을 술술 털어놓는 것은 아닙니다. 전문적인 상담자를 찾아온 내담자들도 머뭇거리고 자기 노출을 꺼리는데 학생이라고 편안한 마음으로 대화에 임하여 자신이 가진 고민을 자유롭게 표현할 수는 없습니다. 상담에 임하는 교수는 자기 개방을 두려워하고 현재 상태를 유지하려는 심리가 깊이 자리하고 있는 학생을 만나 편안하게 이야기할 수 있도록 도와주어야 합니다.

　다음은 학생에게 편안하게 말하도록 도울 수 있는 교수의 대화 기술입니다.

1) 친밀감 형성하기

　학생이 교수를 만나 자기 개방을 하지 못하고 불편해하는 이유는 다양합니다. 비밀 보장의 문제, 수치심, 드러날 자신에 대한 두려움, 쏟아질 감정에 대한 염려 이외에도 여러 가지가 있습니다. 다른 사람 앞에서, 그것도 교수 앞에서 자신을 노출하는 일은 결코 반가운 일이 아닐 것입니다. 따라서 교수는 학생의 거리낌을 자연스러운 것으로 인정해야 합니다. 그렇기 때문에 첫 상담부터 무리해서 학생의 내면을 파고드는 대화를 하는 것은 자제하는 것이 좋습니다. 오히려 서먹서먹하고 어색해하는 학생의 행동을 수용하고 바로 그런 행동을 대화의 출발점으로 삼는 것이 좋습니다.

• 대화의 예
"갑자기 상담을 하자니 어색하고 이상한 느낌이 들지요?"

"표정과 말하는 모습을 보니 매우 긴장한 것 같군요."

"저와 무슨 이야기를 할 거라고 생각하고 왔는지 그 이야기부터 시작해 볼까요?"

2) 질문하기

질문하기는 학생에 관한 정보와 자료를 수집하고 그들의 생각이나 감정에 대해 탐색하는 기술입니다. 하지만 질문을 하는 것은 학생의 오해를 불러일으킬 수 있다는 단점이 있습니다. 가령, 과제를 잘 안 하는 학생에게 "오늘 왜 과제를 안 냈지요?"라고 질문하는 것은 그 어조에 따라 학생을 비난하는 것으로 들릴 수도 있습니다.

따라서 질문은 가능하면 개방형으로 제시하여 학생이 자신의 이야기를 마음껏 할 수 있도록 하는 것이 좋습니다. 또한 '왜'라는 질문은 가급적이면 사용하지 않는 것이 좋은데, 그것은 학생이 자신의 잘못을 지적하거나 비난하려는 시도로 받아들일 수도 있기 때문입니다. 그럴 때 학생들은 저항하거나 거짓말을 하는 경우가 많습니다. 그래서 가능하면 "왜 지각했나요?"보다는 "무슨 일이 있어서 학교에 늦었군요. 어떤 사정이 있었나요?", 그리고 "왜 학교에 나오지 않나요?" 보다는 "학교에 나올 수 없는 사정이 있었나 보군요. 그 사정이 무엇인가요?"라고 질문하는 것이 더 효과적입니다.

또한 하나의 질문을 했으면 학생이 그 질문에 답할 때까지 기

다려야 합니다. 과도한 질문 공세는 학생에게 압박감과 불안을
주며 교수와 학생 간의 신뢰 관계를 손상시킬 수 있습니다.

• 부적절한 질문의 예

  학생: 그 사건 이후로 친구들이 저를 어떻게 생각할지 몰라서
      피해 다녀요. 뭐라고 하는 것 같은 눈빛이 싫어서요.

  교수: 뭐라고 하는 것 같은데요? 실제로 이야기한 적도 있었어
      요? 누가 그럴 것 같은데요?

효과적인 질문 방법

• 가능한 한 개방형 질문을 사용한다.

• 한 번에 한 가지씩 질문한다.

• 되도록 간결하고 명확해서 이해하기 쉽도록 질문한다.

• 직접적인 질문보다 간접적인 질문을 사용한다.

• '왜'로 시작하는 질문은 가능한 한 피한다.

• 질문을 하고 잠시 멈춘 후 학생의 대답이 모두 끝날 때까지
  기다린다.

• 반드시 필요한 정보를 얻기 위한 질문만 한다.

3) 정보 제공하기

정보 제공이란 자료나 어떤 사실을 언어로 학생에게 전달하
는 것입니다. 교수는 학생이 의사결정을 위한 대안을 모색하고
평가해 보며, 자신의 상황을 다양한 관점으로 바라볼 수 있도록
정보를 제공해야 합니다. 정보 제공은 경험이나 사건, 대안 혹
은 사람들에 대한 사실을 나누는 것입니다. 특히 학생에게 도
움이 되는 정보를 제공하기 위해서는 학교 행정 및 교과와 관련
된 다양한 정보를 미리 알고 있어야 합니다.

- 대화의 예
  "학점이 나빠서 장학금을 받을 수 없을 것 같다고 생각하는군
  요. 하지만 우리 학교는 다음과 같은 여러 가지 장학금 제도가
  있어요."
  "현재 전공이 직업을 가지는 데 어려움이 있다고 생각하는군
  요. 하지만 현재 전공과 관련된 직업으로는 ……"

Tip

효과적인 정보 제공 방법

- 많은 정보를 제공하여 학생을 압도하지 말아야 합니다.
  교수는 학생을 돕고 싶은 마음에 자신이 알고 있는 사실을 모

두 이야기하는 경우가 종종 있습니다. 그런 경우 학생은 자신의 문제를 해결할 수 있는 정보를 선택하는 데 어려움을 겪습니다. 따라서 학생의 문제 해결에 도움이 되는 정보만을 제공해야 합니다.

- **교수의 가치관이나 판단이 개입된 정보 제공은 피합니다.**

  교수는 학생의 입장에서 유용한 정보만을 제공해야 합니다. 교수의 주관적 판단에 의해서 주어진 정보는 학생과 일치하지 않아서 학생에게 혼란을 줍니다. 예를 들어, 진로를 고민하는 학생에게 교수가 좋다고 생각하는 진로를 소개하는 것은 학생의 입장을 고려하지 않은 것이기 때문에 학생에게 적절하지 않을 수 있습니다.

- **정보 제공 도중 충고나 비난을 피해야 합니다.**

  정보 제공은 사실적인 내용만을 학생에게 전달하는 것입니다. 장학금 제도에 대해서 묻는 학생에게 "학생이 학점을 더 잘 받았으면 좀 더 장학금 혜택을 받을 수 있을 텐데"와 같은 말을 하는 것은 학생에게 비난으로 들릴 수 있습니다. 가능하면 학생이 원하는 정보만을 사실적으로 제공해야 합니다.

4) '나-전달법' 사용하기

학생에게 교수의 생각과 감정을 전달하는 방법은 참 중요합니다. 이 경우 가장 일반적인 방법은 '나-전달법'을 사용하는 것입니다. '나-전달법'은 나를 주어로 삼아서 대화의 분위기를 부드럽게 하고, 상대방을 주어로 할 때 발생할 수 있는 위압감을 줄이는 대화 방법입니다. "학생이 ……하니까 나는 ……을 느끼는군요."와 같은 형태를 취합니다. 예를 들어, "학생은 예의가 없네요." 보다는 "학생이 그렇게 행동하니까 내가 기분이 나쁘네요."가 훨씬 학생의 마음을 여는 데 효과적입니다.

- 대화의 예

  "학생은 왜 매번 과제를 제출하지 않나요?"

  ⇨ "학생이 자꾸 과제를 제출하지 않으니까 내가 화가 나는군요."

  "학생에 대해 자세히 말해 봐요."

  ⇨ "학생이 자신에 대해서 자세히 말해 주면 나는 학생을 더 잘 알 수 있을 것 같아요."

5) 'Do-message' 사용하기

'Do-message'는 상대방의 행동을 지적할 때 평가적 형용사를 사용하는 대신 행동을 있는 그대로 기술해 주는 대화 방식입니다. 이 방식은 상대방의 행동을 객관적으로 기술할 뿐, 그것을 인격이나 성격으로 일반화하지는 않는 것입니다. 예를 들어, "학생은 참 산만해요."보다는 "학생은 수업 시간에 강의에 집중하기보다 창밖의 하늘을 자주 쳐다보더군요."라고 합니다.

- 대화의 예

  "신뢰가 안 가는군요."

  ⇨ "약속 시간에 자주 늦는군요."

  "매사에 느리군요."

  ⇨ "과제를 늦게 내는군요."

Tip

학생 상담 시 주의해야 할 언어적 표현

다음은 교수의 생각과 감정을 전달할 때 가급적 삼가야 하는 표현입니다. 이 표현은 교수의 마음과는 달리 학생에게 충고와 비난, 무관심 등으로 다가올 수 있습니다. 그래서 학생의 감정을 상하게 하고 인격적 관계와 인간적인 따뜻함을 손상시켜 교수에 대한 반감을 야기합니다.

- "더 적극적으로 열심히 하는 것이 좋을 것 같아요."

  (충고하기)

- "학생은 그때 이렇게 하는 것이 더 좋았을 것 같아요."

  (충고하기)

- "아무래도 노력이 부족한 것 같아요." (비난하기)
- "지난 학기에는 출석을 잘 안 하더니, 이번 학기에는 열심히 하고 싶은가 봐요." (비꼬기)
- "그런 고민을 안 하고 사는 사람은 없어요. 시간이 지나면 다 해결될 거예요." (무관심)

4장

개인 및 집단 상담

1. 개인 상담

개인 상담은 학생의 어려움을 심도 있게 이야기할 수 있다는 커다란 장점이 있습니다. 하지만 모든 학생을 개인 상담하기에는 시간적으로 매우 부족합니다. 그래서 학생의 어려움이 다소 심각하여 빠른 조치가 필요하거나 다른 학생이 알면 곤란한 어려움을 가지고 있는 경우에만 개인 상담을 할 것을 권합니다. 개인 상담은 교수와 학생이 만나서 함께 학생의 어려움을 해결해 나가는 과정으로, 일반적인 담화나 잡담과는 차이가 있습니다. 개인 상담이 담화나 잡담과 다른 점은 다음과 같습니다.

첫째, 문제해결을 목표로 합니다. 상담은 즐겁고 재미있는 이야기만을 하는 것이 아니라 학생이 경험하는 어려움을 이야기하고 그것을 해결하기 위한 과정입니다. 따라서 이 과정에 충실할 수 있는 대화만을 해야 합니다.

둘째, 상담 중에 주고받은 이야기는 철저히 비밀을 보장해야

합니다. 담화나 잡담은 비밀보장이 강제성을 가지지 않지만 상
담에서의 비밀보장은 상담자의 윤리와 관련이 있습니다. 외국
의 경우, 비밀보장의 원칙을 어기는 경우 법적인 처벌을 받기도
합니다. 따라서 상담 중에 일어나는 일이나 학생에 대한 사실
은 철저히 비밀을 보장해야 합니다.

　셋째, 상담은 담화와 달리 상담자와 내담자라는 역할이 정해
져 있습니다. 그리고 각자가 자신의 역할에 충실해야 합니다.
간혹 상담을 진행하는 교수가 자신의 고민이나 어려움을 학생
에게 이야기하여 역할이 바뀌는 경우가 있습니다. 이런 경우에
는 학생의 문제를 해결할 수 없습니다.

　다음〈표 4-1〉은 상담 시 좋았던 경험과 나빴던 경험을 정리
한 내용입니다.

〈표 4-1〉 상담 시 좋았던 경험과 나빴던 경험	
좋았던 경험	• 나의 고민을 충분히 공감해 주실 때 • 상담을 한 후에 생각지도 않았는데 다시 불러서 어떻게 해결됐는지, 그리고 잘 지내고 있는지 신경써 주실 때 • 시간이 없으신데도 긴 이야기를 끝까지 들어주실 때 • 고민하는 것에 대해서 격려해 주고 지지해 주실 때 • 나의 고민에 대해서 해결 방안을 찾아주려고 다방면으로 알아봐 주실 때 • 강의 시간에 어두운 얼굴로 앉아 있었는데 먼저 상담을 청하실 때

나빴던 경험	<ul><li>고민이 있어서 상담을 요청했는데 바쁘다고 시간을 계속 변경하실 때</li><li>나의 고민을 다른 학생들에게 아무렇지 않게 이야기하실 때</li><li>상담 도중에 내가 잘못했다고 나무라실 때</li><li>상담 중에 다른 학생의 단점을 이야기하실 때</li><li>상담을 형식적으로 하신다는 생각이 들 때</li><li>무조건 잘하라고 말씀하실 때</li></ul>

1) 개인 상담 절차

개인 상담을 효과적으로 진행하기 위해서는 다음과 같은 절차가 필요합니다. 다음에서 설명하는 절차는 개인 상담뿐 아니라 집단 상담에도 적용할 수 있는 절차입니다. 물론 학생의 사정, 시간 및 장소의 제약으로 인해 다소 절차가 변경될 수도 있습니다.

(1) 학생과 친밀감 형성하기

교수가 학생에게 상담을 요청하면 학생은 중·고등학교 시절 교무실에 불려가 선생님께 훈계를 받던 기억을 떠올리거나 형식적으로 매 학년 초에 실시하던 상담을 떠올리기 쉽습니다. 또한 학생이 스스로 교수를 찾아오는 경우에도 선뜻 자신의 어려움을 이야기하고 도움을 청하기 어렵습니다. 그래서 상담을 성공적으로 진행하기 위해서는 학생의 긴장된 마음을 풀어주고 학생이 편안한 마음을 가질 수 있도록 친밀감을 형성하는 것이 중요합니다. 친밀감 형성하기는 모든 종류의 상담에서 기본입니다.

물론 친밀한 관계는 학생이 교수를 찾아오는 상담 시간 이외에도 강의 시간이나 학생들과 함께하는 시간을 통해 형성되는 경우가 더 많습니다. 이런 친밀한 관계 형성의 시작은 인사입니다. 즉, 학생들을 만나면 반갑게 인사를 하는 것이 무엇보다 중요합니다. 만약 학생들이 인사를 하지 않고 지나가더라도 교수가 학생을 봤다면 먼저 "○○ 학생, 안녕." 하고 인사하는 것이 필요합니다. 학생이 인사하는 것을 모른 척 지나가는 것뿐아니라 학생이 지나가는데 못 본 척 그냥 지나가는 것도 학생에게 무시당한다는 느낌을 줄 수 있습니다. 아마도 학생은 '나는 교수님 눈에 별로 띄지 않는 아이였구나.'라고 생각할 것이고, 교수와 좋은 관계를 맺을 수 없을 것입니다. 그렇게 되면 교수가 아무리 열심히 설명하고 있더라도 학생은 그리 열심히 듣고 싶지 않을 것입니다. 교수와 학생이 아니라 사람 대 사람이 만나 인사하는 것이라고 생각해야 합니다. 당연히 사람과 사람의 관계에서는 먼저 본 사람이 인사를 해야 합니다. 교수가 먼저 인사하면 학생 입장에서는 '나는 인사를 받을 만한 사람이다.'라고 생각하여 자신이 존중받는 느낌을 가질 수 있을 것입니다.

이처럼 교실과 다양한 활동에서 친밀감을 형성하는 것 이외에도 교수는 학생이 상담을 위해 찾아왔을 때 다음과 같은 방법으로 친밀감을 형성할 수 있습니다.

방법 1. 하던 일을 멈추고 몸 전체를 학생에게 정면으로 향합니다.

강의 후 바로 학생을 만나는 경우에는 함께 연구실로 들어오기 때문에 문제가 없으나 상담을 약속한 경우에는 약속 시간이 되어 학생이 연구실로 찾아왔을 때 하던 일을 멈춥니다. 일을 계속하면서 학생을 맞이하면 학생은 교수에게 부담을 갖게 되어 편안하게 이야기하기 어렵습니다. 그리고 몸 전체를 학생에게 정면으로 향해서 온 마음을 다해 학생을 맞는다는 것을 보여 줍니다.

혹시라도 급한 일을 처리해야 하거나 집중해서 뭔가를 해야 하는 경우에는 학생이 다시 찾아올 수 있도록 연구실 문에 상담이 가능한 시간을 적어 둡니다. 학생이 이미 문을 열고 들어왔을 때는 교수의 사정을 이야기하고 상담이 가능한 시간을 알려 주면서 급한 일이 아니라면 다음으로 따로 약속을 잡는 것이 어떤지 묻는 것이 좋습니다.

방법 2. 웃는 표정과 반가운 목소리로 맞이합니다.

이유도 모르고 연구실에 불려 온 학생은 교수의 웃는 표정을 보고 긴장된 마음을 풉니다. 게다가 "어서 와요."와 같은 말로 학생에게 반가움을 표현해 주면 긴장감을 더욱 줄일 수 있습니다. 때로는 반가움의 표현으로 악수를 청하는 것도 좋습니다. 단, 악수는 어느 정도 안면이 있는 학생에게 청하는 것이 좋습니다.

방법 3. 자리를 권합니다.

학생이 앉을 자리를 안내해 주고 교수도 같이 앉습니다. 이때 연구실 내에 소파나 탁자가 있으면 마주 앉습니다. 가능하면 탁자에는 아무 것도 올려놓지 않는 것이 좋습니다.

방법 4. 긴장된 학생의 마음을 읽어 줍니다.

낯설기도 하고, 심지어 전공 분야의 권위자인 교수와 이야기를 나누러 오는 것이기에 긴장한 학생의 마음을 읽어 줍니다. 그리고 분위기를 부드럽게 만들기 위해 따뜻한 차나 음료수를 권하기도 합니다. 상담의 목적을 모르고 상담에 온 학생의 경우에는 긴장감이 더할 수 있습니다. 그러므로 학생에게 상담의 목적을 빨리 알려 주는 것이 좋습니다. 그리고 상담 시간, 상담의 진행 방식, 상담을 통해서 얻을 수 있는 것에 대한 구체적인 안내를 해 줍니다.

- 대화의 예

  "나와 이야기를 나누려니 다소 긴장이 되는가 보군요. 오늘은 학생을 잘 이해하기 위해 이야기를 나눌까 싶어서 불렀어요. 우리는 약 30분 정도 이야기를 나눌 거예요. 그리고 나는 학생을 돕고 싶은 마음이 있어요. 마음 편하게 학생이 하고 싶은 이야기를 하면 돼요."

  "갑자기 이야기를 하자고 불러서 다소 긴장이 되는가 보군요. 오늘 학생과 이야기를 하자고 한 것은 학생이 수업 시간에 계속 집중을 못하고 있어서 학생에게 걱정거리가 있는지 염려가 돼 불렀어요. 우리는 약 20분 정도 이야기를 나눌 거예요. 혼내려고 부른 것 아니니 편하게 이야기하면 좋겠어요."

Tip

학생의 긴장된 마음을 풀어 주는 대화의 예

- 학생이 연구실로 찾아왔으나 들어오기를 주저하는 경우
  "나와 이야기를 나누고 싶은데 다소 주저가 되는 것 같군요. 나는 언제든 이야기할 준비가 되어 있어요. 다소 망설여지겠지만 들어오면 어떻겠어요?"

- 학생이 연구실에 들어와서 앉았으나 쉽게 말문을 열지 못하는 경우
  "무언가 중요한 일로 왔는데 이야기하는 것이 힘든 것 같군요. 나는 학생에게 도움을 주고 싶은 마음이 커요. 학생이 이야기할 준비가 될 때까지 기다려 줄게요. 언제든 하고 싶은 마음이 들 때 이야기해도 돼요."

- 학생이 이야기 도중 갑자기 울음을 터트리는 경우
  "이야기하다 보니 다소 슬픔이 느껴지는군요."(조용히 휴지를 건넨다. 그리고 학생이 울음을 그칠 때까지 기다린다.)

(2) 학생의 어려움/관심사 구체화하기

학생과 친밀감을 형성하고 난 후에는 학생이 찾아온 이유를 알아봐야 합니다. 학생에게 "왜 찾아왔나요?"라고 바로 질문하면 학생은 다소 당황할 수 있습니다. 그러므로 그 대신 학생의 어려움을 구체적으로 물어봐야 합니다. 다음은 학생의 어려움이나 관심사를 구체화하는 방법입니다.

방법 1. "어려움이 없는 사람은 없습니다."

단순히 "생활하는 데 어려움은 없나요?" "적응은 잘 되나요?"라고 물으면 학생도 형식적이고 일반적인 이야기만 하게 됩니다. 따라서 이런 경우 구체적인 질문을 하고 관심을 보여서 학생이 겪고 있는 어려움을 탐색해야 합니다. 특히 각 학생마다 가지고 있는 특징(예: 장학생, 타 지방 학생, 학사경고를 받은 학생 등)에 대한 정보를 바탕으로 그들에게 다가가면 세심한 관심을 받는 느낌을 갖도록 할 수 있습니다.

〈교수가 할 수 있는 질문의 예〉
- 생활
  "생활은 어디에서 어떻게 하고 있나요?"(특히 타 지방에서 온 학생)
  "가정 형편상 장학금이 필요한가요?"
  "아르바이트를 하나요? 어떤 일을 얼마나 하나요?"
  "통학은 어떻게 하나요?"

- 대인 관계

"대학에 들어와서 알게 된 친구 혹은 선배는 누구인가요?"(신입생)

"친구나 선배, 후배와의 관계에서 어려움은 없나요?"

"친하게 지내는 친구는 누구인가요?"

- 적 응

"처음 하는 대학 생활은 어떤가요?"(신입생)

"적응상의 어려움이 있나요?"

"만족스럽지 않은 것은 무엇인가요?"

- 진 로

"이 대학과 전공을 선택한 이유는 무엇인가요?"(신입생)

"진로 목표는 무엇인가요?"

"구체적인 계획은 있나요?"

"대학 생활의 목표는 무엇인가요?"

"올해의 목표와 계획은 무엇인가요?"

방법 2. "상담은 학생의 작은 관심사를 나누는 것부터 시작합니다."

대학 생활을 맞이하면서 학생들은 특정한 다짐을 하거나 특별한 마음을 가지기도 합니다. 이것은 학생의 주요 관심사(issues)인 경우가 많습니다. 교수는 그러한 관심사에 대해 좀 더 구체적으로 이야기함으로써 도움을 줄 수 있는 것을 찾거나 그런 생각에 대해 격려해 줄 수도 있습니다. 예를 들어, "대학생이 되었으니 다양한 사람을 만나려고 해요."라고 하는 신입생이나 "올해는 공부 좀 하려고요."라고 하는 학생이 있다면 "어떻게 해서 그런 생각을 하게 되었지요?" 하고 학생의 관심사를 더욱 구체화하는 질문을 함으로써 학생과 상담의 문을 열어 갑니다.

학생이 상담을 요청한 경우에도 그 이유를 구체화합니다. 예를 들어, "열심히 뭔가를 하고 싶은데 잘 안 돼요."라고 호소하는 학생이 있다면 '구체적으로 무엇을 하고 싶은 것인지' '열심히 한다는 것이 어떤 것인지' '잘 안 된다는 것은 무엇인지'를 물음으로써 학생이 지닌 어려움의 실체를 구체화합니다.

(3) 상담의 목표 정하기

대학생은 대학 생활이나 적응, 학업 그리고 진로와 관련된 여러 가지 궁금증을 가지고 있습니다. 많은 경우 선배나 친구로부터 그와 관련된 정보를 수집하지만, 전공 영역과 대학 생활에서 전문가인 교수가 도움을 줄 수 있는 부분도 많습니다. 앞의 '학생의 어려움/관심사 구체화하기' 단계를 통해 학생이 도움을 받고자 하는 영역이 있는지 확인하면서 그들이 원하는 도움에 대해 구체적으로 이야기를 나눕니다.

학생이 상담을 요청한 경우에도, 학생의 문제가 구체화되면 면담을 통해 도움을 받고 싶거나 변화하고 싶은 점이 있는지 물어봅니다. 목표가 분명해야 이야기하는 학생도 그 목표에 도달하기 위한 상담에 집중할 수 있고 교수도 문제를 해결하는 데 초점을 둘 수 있기 때문입니다.

- 대화의 예

"상담을 통해 도움을 받고 싶은 점이 무엇인가요?"

"상담을 통해 변화하고 싶은 점은 무엇인가요?"

"이 시간에 도움받고 싶은 것을 이야기해 줄래요?"

"혹시 내가 도와줄 수 있는 것이 있다면 구체적으로 이야기해 줄래요?"

(4) 문제 해결을 위한 전략 수립하기:
일방적 충고가 아닌 함께 해결하기

상담의 목표에 도달하기 위해, 또는 학생이 도움받고자 하는 것을 해결하기 위해 학생과 함께 다양한 방안에 대해 이야기를 나눕니다. 이때 교수가 학생에게 일방적인 충고를 하는 경우가 많은데, 그것은 자칫 학생의 사정을 제대로 알지 못한 채 교수가 일방적으로 자신의 생각을 전달하는 것이 되기 쉽습니다. 학생은 그 어려움을 해결하기 위해 다양한 방법을 이미 시도해 보았을 가능성이 큽니다. 그러므로 어떤 방법을 시도해 보았는지 확인하고 다양한 해결책을 함께 생각해 보는 것이 필요합니다. 그런 후에 각 방법의 장단점을 비교하고 학생 자신에게 맞는 해결책을 찾아갈 수 있도록 안내합니다.

〈교수가 할 수 있는 질문의 예〉

"학생이 원하는 것을 하려면 어떻게 하면 좋을까요?"

"지금까지 학생이 원하는 목표를 이루기 위해 어떤 방법을 사용해 보았나요? 그 방법이 효과적이지 않았다면 그 이유가 무엇이라고 생각하나요?"

"또 다른 방법은 없을까요? 이 방법은 얼마나 효과적일까요?"

(5) 상담 마무리하기

설정한 목표에 도달했거나 약속한 시간이 다 되어 가는 경우 상담을 마무리합니다. 대략 마무리하는 시간은 5분 정도로 합니다. 우선, 상담을 시작한 목적, 진행 과정, 상담의 목표, 해결 방안 등에 대해 요약해 주고, 그런 후에 오늘 상담에서 느낀 점, 특히 상담을 통해 얻은 것을 말해 보도록 합니다. 다음은 추후 상담의 여부에 따른 상담 방법입니다.

방법 1. 추후 상담을 약속하는 경우

상담 중에 미진한 것이 있었을 경우 또는 문제 해결을 위한 노력을 확인해 보고 싶은 경우 추후 상담을 약속합니다. 추후 상담을 위해서는 정확한 상담 시간과 장소를 정해야 합니다. 그리고 약속을 지키지 못할 경우 미리 연락할 방법에 대해서 구체적으로 알려 줍니다.

- 대화의 예

"이제 상담 시간이 모두 끝났군요. 오늘 상담을 하면서 무엇을 느꼈나요? 다음에 이야기를 더 나누었으면 해요. 언제 다시 만나면 좋을까요? 혹시 약속 시간에 올 수 없으면 하루 전에 미리 저에게 메시지나 전화를 주세요."

방법 2. 추후 상담이 없는 경우

추후 상담이 필요치 않은 경우라도 학생에게 언제든지 필요하면 도움을 받을 수 있다는 것을 알려 줍니다. 그리고 도움을 받기 위해 찾아오는 방법에 대해서도 알려 줍니다. 학생이 도움이 필요해 찾아왔는데 교수가 없어서 난감해하며 도움받기를 포기하는 경우도 많기 때문에 미리 연락하는 방법, 교수가 없을 때 메모를 남기는 방법 등에 대해 안내해 줍니다.

● 대화의 예

"이제 상담 시간이 모두 끝났군요. 오늘 상담을 하고 난 후 느낀 점이나 든 생각이 있다면 무엇인가요? 이 시간이 학생에게 도움이 되었으면 해요. 혹시 다음에 어려움이 있거나 저와 이야기를 나누고 싶으면 언제든지 메일이나 전화로 다시 연락을 주세요. 혹시 저와 연락이 되지 않으면 연구실 앞에 메모를 남겨 주세요. 제가 연락할게요."

좋지 않은 인상을 준 대학생 상담의 예

다음은 실제 대학생이 교수와 상담을 한 후 기분이 좋지 않았던 경험을 적은 글입니다.

• "상담을 하는 동안 전화가 3번 왔는데 교수님이 모두 받으셔서 이야기가 도중에 끊어졌어요. 그때 사실 무시당하는 느낌을 받았어요. 그 후 그 교수님과는 다소 거리가 생겼고 교수님의 강의도 들어가기 싫어졌어요."(3학년 여학생)

• "가족에 대해서 너무 꼬치꼬치 물어보셨어요. 아버지 직업이 무엇인지, 어머니는 어느 학교를 나오셨는지, 형제는 어느 대학에 다니는지……. 저에게 관심이 있다는 생각보다는 저의 가족에 관심이 있다는 생각이 들었어요. 그리고 사실 고등학교 졸업이 최종 학력인 어머니에 대해서 물어보실 때는 살짝 자존심도 상하더라고요."(대학 신입생)

• "교수님이 말씀하시면서 자꾸 저의 손이나 어깨를 치는 거예요. 처음에는 열심히 말씀하시다 보니 친다고 생각했는데 나중에는 기분이 나쁘더라고요. 그리고 여학생에게만 그러는 것 같아서 이상한 생각이 들기도 했어요."(2학년 여학생)

- "교수님과 상담하면 기분이 별로 좋지 않아요. 마치 야단맞는 느낌이 들어요. 그렇게 하는 것은 옳지 않다고 하시거나 다른 사람의 입장에서 생각해 보라고 말씀하시는데 제 입장보다는 다른 사람의 입장을 더 중요하게 생각하시는 것 같아서 화가 났어요." (4학년 남학생)

- "친구들과 같이 집단 상담을 하는데 저에게 갑자기 예뻐졌다고 성형수술을 했냐고 물어보시는 거예요. 물론 저를 칭찬하려고 그러신 것은 이해하지만 다른 친구들이 있는데 갑자기 그렇게 물어보셔서 정말 당황했어요." (2학년 여학생)

- "4학년이 되니 여러 가지 진로 문제로 고민이 되더라고요. 그래서 교수님에게 상담을 요청했는데 교수님이 그때 '다른 사람들도 모두 다 그래.'라고 말씀하셨어요. 정말 성의 없다는 생각이 들었고 저의 고민을 하찮게 여기시는 것 같은 생각이 들어서 기분이 나빴어요." (4학년 남학생)

2) 개인 상담의 주의점

(1) 이중 메시지를 피해야 합니다

교수가 학생에게 "학생을 믿습니다."라고 말하면서 표정이나 어조는 굳어 있다면 학생은 교수의 말을 믿을까요? 이처럼 이중 메시지는 학생을 혼란스럽게 만들고 교수의 말을 경청하기보다는 교수의 눈치를 살피도록 만듭니다.

(2) 가능하면 학생의 감정에 귀 기울입니다

학생이 이야기하는 내용은 대부분 교수에게 공감받기 위한 것입니다. 학생의 이야기 내용보다는 학생이 전하고자 하는 감정에 집중하십시오. 그리고 〈부록 7〉 '감정을 나타내는 형용사'를 참조하여 학생이 전하고자 하는 감정을 표현해 줍니다.

(3) 가능하면 신체 접촉은 피합니다

학생이 의기소침해 있거나 울고 있는 경우 학생을 위로해 주고 싶은 마음에 어깨를 두드리거나 안아 주는 행동을 하는 것은 주의해야 합니다. 물론 슬픔에 빠져 있는 사람에게는 간혹 말보다 따스한 손길이 훨씬 위로가 되기도 합니다. 하지만 신체적 접촉은 받아들이는 사람에게 있어서 하는 사람의 의도와는 다른 의미로 받아들여져 오해를 불러일으키는 경우가 종종 있습니다. 따라서 신체 접촉을 통해 교수의 마음을 전하고 싶을 때는 악수 정도가 적당합니다.

(4) 의사소통에 방해가 되는 표현 방식을 주의해야 합니다

학생과의 상담은 의사소통 과정입니다. 의사소통에 방해가 되는 다음의 표현은 학생과의 대화를 단절시키고 관계를 악화시킵니다.

방해가 되는 표현	예	학생에게 주는 메시지
명령하기	"지금 네가 할 일은 공부야."	"너에게는 너의 문제를 다룰 권리가 없어."
충고하기	"이렇게 하는 것이 어떨까?"	"너는 스스로 문제를 해결할 수 있는 능력이 없어."
회피하기	"그 일은 다 잘될 거야. 걱정하지 마."	"너는 불행을 견딜 수 있는 능력이 없어."
비판하기	"그 일을 하는 것은 어리석은 짓이야."	"너는 정말 어리석구나."
도덕적으로 판단하기	"그 일은 정말 잘못한 일이야."	"너는 도덕적으로 올바르지 않아."
심리적으로 판단하기	"너무 과민한 상태야. 진정해."	"나는 너에 대해 너보다 잘 알고 있어."

가벼운 신체 접촉이 불러온 오해

한 여학생이 상담을 왔습니다. 상담 내용은 다음과 같았습니다.

"지도교수님과 상담하는 도중에 어려웠던 어린 시절과 가족의 이야기를 하다가 눈물을 흘렸어요. 지도교수님은 '힘들었구나. 그래도 용기 잃지 말고 학교 잘 다녀라.'라고 말씀하시고 휴지를 건네시면서 가볍게 어깨를 두드려 주셨어요. 그날은 감정을 추스르고 연구실을 나왔는데 그다음 날부터 교수님이 나를 좋아하는 것 같다는 생각이 들어요."

신체 접촉은 우리에게 심리적 안정감을 주는 효과가 있습니다. 그래서 어린 아동의 경우 놀라거나 무섭거나 슬프면 어머니의 품에 안겨서 안정감을 찾고자 합니다. 우리도 가끔 가슴을 쓸어내리거나 토닥거리곤 하는데 이런 행동도 스스로 신체 접촉을 통하여 심리적 안정감을 얻기 위한 것입니다.

하지만 신체 접촉은 모든 사람에게 같은 의미로 다가오지 않습니다. 가령, 어린 시절 가정 폭력에 노출되었던 사람에게는 다른 사람의 손길이 위로와 안식의 의미라기보다는 폭력의 의미로 다가옵니다. 그래서 자주 맞으면서 자란 사람은 누군가가 자신을 만지려고 하면 움츠러드는 행동을 보이기도 합니다.

이 여학생의 경우도 어린 시절 아버지가 병으로 일찍 세상을 떠나시고 어머니, 남동생과 함께 살았습니다. 생계를 위해서 바쁘셨던 어머니는 이 학생을 따스하게 보듬어 줄 시간이 없었습니다. 그래서 교수님께서 어깨를 가볍게 두드린 행동이 이 학생에게는 자신에 대한 관심과 사랑으로 다가왔던 것입니다.

상담 현장에서는 신체 접촉을 가능하면 피하고 있습니다. 외국의 경우에는 상담자가 무심코 한 신체 접촉이 이중 관계를 유발하거나 성추행으로 간주되어 법적인 문제에 연루되기도 합니다. 교수의 돕고 싶은 마음은 신체 접촉이 아니라 진심이 담긴 한마디의 말로도 충분히 전달할 수 있습니다.

2. 집단 상담

시간상의 어려움으로 몇 명의 학생과 함께 집단 상담을 실시해야 하는 경우, 상담 절차는 개인 상담 절차를 따릅니다. 하지만 개인 상담과는 달리 주의해야 할 점이 있습니다.

모든 학생에게 관심이 골고루 갈 수 있도록 합니다

모든 학생에게 골고루 관심을 보이기 위해서는 그들에게 시선을 골고루 보내야 합니다. 시선이 한 학생당 5초 정도씩 머물고 다음 학생으로 자연스럽게 이동할 수 있도록 합니다. 한 학생에게 너무 집중적으로 시선을 주면 그 시선을 받는 학생은 부담을 느낄 수도 있습니다. 또, 다른 학생들은 교수가 그 학생만을 편애한다고 생각할 수 있습니다.

모든 학생이 이야기할 수 있도록 기회를 제공합니다

집단 상담을 진행하다 보면 교수의 도움 없이 자신의 이야기를 잘 하는 학생도 있지만 소극적으로 앉아 있는 학생도 있습니다. 자신의 이야기를 잘 하지 않는 학생이 있을 경우 "학생의 생각은 어떤가요?" "지금 어떤 기분이 드나요?"라고 질문하여 학생이 자신의 이야기를 할 수 있도록 도움을 줍니다.

이야기를 독점하려는 학생은 간략히 이야기하게 합니다

일부 학생이 이야기를 독점할 경우 다른 학생들은 소외감을 느낄 수 있으므로 이야기를 간략하게 하도록 정중하고 따스한 태도로 유도합니다. 그런 학생은 교수의 관심을 끌고 싶거나 해결해야 할 자신의 문제가 심각한 경우일 수 있습니다. 그래서 자신의 문제를 해결하고 싶은 마음이 앞서다 보면 다른 학생의 기분을 살필 여유가 없을 것입니다. 이때 교수가 학생의 이야기를 무작정 중단시키면 학생은 상처를 받을 수 있습니다. 그러므로 다음 대화의 예를 참조하여 신중하게 이야기를 중단시켜야 합니다.

- 대화의 예

"학생이 많은 이야기를 하고 싶군요. 그 이야기를 요약해서 말해 본다면 어떻게 할 수 있을까요?"

"학생이 지금 힘들다는 것을 이야기하고 싶은 것 같아요. 이 시간이 끝나고 나와 그 이야기를 더 나누어 볼 수 있어요."

집단 상담이 어려울 경우 개인 상담을 유도합니다

집단 상담 중에 감정이 심하게 격앙되어 울거나 화를 내는 학생에게는 일단 그 마음을 공감하고 개인 상담으로 유도하는 것이 좋습니다. 자신의 이야기를 하거나 다른 학생의 이야기를 듣다 보면 감정이 격앙되기 쉽습니다. 그리고 격앙된 감정을 다른 학생이나 교수에게 그대로 표현하기도 합니다. 그러면 다른 학생이나 교수는 비난받았다고 생각하고 감정이 상할 수 있습니다. 따라서 이때는 다음 대화의 예를 참조하여 학생의 감정을 충분히 공감해 주고 개인 상담으로 유도하거나 전문 상담 기관으로 의뢰하는 것이 좋습니다.

- 대화의 예

"학생이 그런 마음이 들어서 매우 화가 났군요. 그런데 지금 여러 사람과 함께 학업 문제에 대해서 이야기를 나누고 있으니 그 부분에 대해서는 내일 나와 개인적으로 더 많은 이야기를 하면 어떨까요?"

비난이나 칭찬과 같이 상대방을 평가하는 말은 가급적이면 사용하지 않습니다

특히 한 학생을 집중적으로 칭찬하는 말은 다른 학생들에게 불공평하다는 생각을 갖게 하며, 교수가 특정 학생에게 더 관심이 있는 것으로 보이게 할 수도 있습니다.

3. 사이버 상담

사이버 상담이란 면대면 상담이 아닌 이메일, SNS(social network service), 홈페이지 게시판 등을 통해 가상공간에서 이루어지는 상담을 말합니다. 직접 만나서 실시하는 면대면 상담과 달리 시간과 공간의 제약을 극복할 수 있다는 장점이 있으나 오로지 컴퓨터 화면으로 보이는 문자나 그림을 통해서만 학생의 감정, 사고, 행동을 파악해야 한다는 점에서 제한적인 의사소통이 이루어질 수도 있습니다. 그래서 사이버 상담은 면대면 상담과 목적이 동일하지만 매체가 달라서 접근 방법에 다소 차이가 있습니다. 사이버 상담을 효율적으로 운영하기 위한 방법은 다음과 같습니다(이영선, 박정민, 최한나, 2001; 임은미, 이영선, 김지은, 2000).

1) 친밀감 형성을 위한 인사하기

비록 글로 만나는 학생이지만 그들 친밀함을 형성하는 것은 그들이 자기 속마음을 털어놓고 해결 방안을 의논하도록 하기 위한 첫 단계입니다. 도와주고자 하는 마음을 담아 반갑게 인사합니다.

• 대화의 예

"○○학생의 편지 잘 받았어요. 친구들과의 관계에서 어려움을 겪고 있는 것 같은데, 이런 관계의 어려움은 단 몇 번의 시도로 빨리 변화시키기 힘듭니다. 하지만 꾸준히 노력한다면 해결할 수 있다는 확신을 가지고 시작해 볼까요?"

"○○학생의 편지 잘 읽어 보았어요. ○○학생의 사연을 읽고 한편으로는 마음이 놓였어요. 그렇게 힘든 상황이 되면 포기하기 쉬운데 ○○학생은 꿋꿋하게 잘 버텨 왔어요. 그리고 이렇게 마음속 이야기를 털어놓고 도움을 청하는 모습에서 작지만 앞날에 대한 희망도 엿볼 수 있어서 흐뭇했어요."

"○○학생의 편지 잘 읽어 보았어요. 대학 생활을 잘하고 싶어 노력하고 있는 ○○학생의 모습이 훌륭합니다. 지도교수로서 꼭 도움이 되고 싶어요."

2) 문제 명료화하기

학생이 처한 문제를 명료하게 정리합니다.

- 대화의 예

"나름대로 친구를 사귀어 보려고 용기를 내어 먼저 다가가서 말도 걸어 보고, 옆에서 가만히 들어주기고 하고, 친구들이 원한다고 생각하는 것을 해 주기도 했지만 다가갈수록 오히려 멀어지는 느낌이 든다는 것이군요. 그래서 앞으로 얼마나 더 이렇게 지내야 하는지, 그리고 자신의 노력이 얼마나 효과가 있을지 의문이 들었군요."

"○○학생이 생각했던 전공과 달라 자퇴를 고민하고 있군요. 학생이 이 전공에 대해 어떤 기대를 했는지 뚜렷하지는 않지만 어쨌든 실망해서 학교를 그만두려고 하는군요. 재수해서 자신에게 맞는 전공을 다시 선택하고 싶은데 주변에서는 그냥 다니라고 하니 선뜻 결정하기 쉽지 않아 갈등이 된다는 말이지요?"

"○○학생은 전공과목을 잘하고 싶어서 휴학 후 공부를 더 하고 와야 할 것인지, 아니면 조금 더 지금처럼 공부하면서 기다리다 보면 잘할 수 있게 될 수 있는지를 고민하는 것 같군요."

3) 어려움에 공감하기

학생이 처한 어려움을 공감해 줍니다. 공감은 부록에 수록된 감정 형용사를 사용하여 구체적으로 표현하는 것이 중요합니다.

- 대화의 예

"열심히 시도해 보는데 잘 되지 않아 실망스럽기도 하고 자신의 마음을 잘 이해해 주지 못하는 친구들에게 원망스러운 마음이 들기도 할텐데 포기하지 않고 어떻게든 이 문제를 해결하고자 하는군요. 학생의 굳은 마음이 느껴집니다."

"이 편지로는 학생의 어려움을 다 이해하기 어렵지만, 현재 학생이 실망과 두려움을 극복하고 원하는 진로를 선택하고 싶어하는 의지가 강하다는 것은 알 수 있습니다."

4) 상담 목표 설정하기

학생이 보내온 사연을 읽고 학생에게 줄 수 있는 도움을 목표로 설정합니다. 학생을 직접 만나 더 많은 정보를 듣고 목표를 설정하면 좋겠지만 그럴 수 없으므로 제한된 정보에서 학생이 필요로 하는 것이 무엇인지를 결정해 적절하게 설정합니다.

- 대화의 예

"지금껏 친구를 사귀기 위해 그들에게 맞춰 주는 방식으로 노력했다면 이제는 진정한 친구를 사귀기 위한 방법을 찾았으면 해요."

"학생은 자퇴를 고민하고 있지만 자퇴를 결정하기 전에 좀 더 정보를 알아보고 최종 결정을 내리면 좋겠어요."

5) 정보 제공하기

학생이 어려움을 해결하는 데 도움이 될 수 있는 다양한 정보를 제공합니다.

- 대화의 예

  "친구를 사귀기 위해서는 호감이 가는 친구에게 다가가 말을 거는 용기도 필요하고, 공통의 관심사도 찾아야 하고, 친구가 어려움이나 고민이 있으면 귀 기울여 들어주며 공감도 해 주어야 하지요. 때로는 자신의 일처럼 도와주는 것도 필요합니다. 그렇지만 더 깊은 관계를 맺기 위해서는 자신을 진솔하게 표현하는 것이 무엇보다 중요합니다."

  "학생이 전공에서 어려움을 경험하고 있다고 했는데, 나도 학생처럼 복학해서 영어 회화 시간에 한 마디도 못한 채 한 시간을 보냈던 경험이 떠오르네요. 학생이 말하는 것처럼 이 문제가 금방 해결될 수는 없지요. 어느 정도 시간과 노력이 필요할 겁니다. 또한 기간이 지나서 지금은 휴학을 하기도 어려울 거예요."

6) 결 론

학생의 어려움을 해결하기 위해 다음의 예처럼 교수가 해결 방안을 제시할 수도 있습니다.

● 대화의 예

"학생에게 친구의 부탁을 거절한다는 것이 얼마나 어려운 일
인지 알지만 깊은 관계를 맺기 위해서는 솔직하게 학생 자신의
마음을 이야기하는 과정이 반드시 필요합니다. 친구에게 그 부
탁이 얼마나 곤란한 일인지를 이야기해야 해요. 대신 친구에게
학생이 얼마나 돕고 싶은지 그 마음을 먼저 이야기한 후 부탁을
들어줄 수 없는 이유를 정중하게 이야기하세요. 그러고 나서 친
구의 반응을 기다리세요. 아마도 실망스러운 표정을 짓거나 그
러한 표현을 할 수도 있을 거예요. 그래도 포기하지 말고 그 친
구의 마음을 이해해 주면서 학생의 상황도 이해해 달라고 부탁
하세요."

"학생이 지금의 어려움을 극복하기 위해 한 노력을 들어보니
내가 보기엔 최선을 다하고 있는 것 같아요. 이번 학기는 잘 지
내고 나서 방학을 이용해 영어 집중 연수나 경제적인 여력이 된
다면 해외 연수 등 다양한 방법을 고민해 보면 좋겠어요."

7) 끝인사

끝인사에서는 다시금 학생의 행동이나 용기를 격려하며, 언
제든 추후에 도움을 줄 수 있는 방법을 제시합니다.

● 대화의 예

"지금까지 포기하지 않고 많은 노력을 한 ○○학생에게는 한

번 더 용기를 내야 할 때이네요. 쉽지 않겠지만 ○○학생이 지금까지 해 온 과정을 보면 해낼 수 있을 것이라 믿어요. 혹시라도 도저히 지금은 하기 힘들다고 판단되면 잠시 시간을 가지고 기회를 기다려도 괜찮아요. 그것이 최선의 선택이라고 스스로 판단한 것임을 믿어요. 어려운 점이 있으면 언제든지 다시 편지 주세요."

"어떤 선택이든 장점과 단점이 있지요. ○○학생이 고민하고 있는 2개의 선택 중 어떤 것이 더 좋은지 한 번 더 생각해 보고 결정을 내리기 바라요. 나는 학생이 지금까지 잘해 왔던 것처럼 현명하고 후회 없는 결정을 내릴 것이라고 믿어요."

읽을거리

속 메시지와 겉 메시지

교수님, 안녕하세요.

저는 이번 학기에 '상담심리학'이라는 강의를 듣는 학생입니다. 몇 가지 상담을 드리고 싶어서 메일을 보냅니다. 제가 이번 학기에 수강하게 된 '상담심리학' 담당 교수님이 수업 교재와 부교재로 자신이 집필하신 책을 사용하시는데, 지난 몇 년 동안 같은 교재만을 사용하셨다고 하더군요. 다른 좋은 교재도 있는데 항상 그 책만을 교재로 사용하시는 것이 학생들에게 좀 더 다양한 것을 배울 수 있는 기회를 박탈하고 교수님의 책을 팔

아서 이득을 보시려고 하는 것은 아닌가 하는 생각마저 들게
했습니다. 그래서 교수님께 항의를 하려고 하는데 친구들이 그
러면 불이익을 당할 것이라고 말렸습니다. 어떻게 해야 할지
몰라서 상담을 드립니다.

앞의 사례는 실제 대학생이 지도교수에게 보낸 이메일 상담 내
용입니다. 만약 이런 이메일 상담을 받는다면 어떻게 답변하시
겠습니까?

안녕하세요.
이렇게 메일을 주셔서 감사드립니다.
학생의 고민을 보니, 교수님이 자신의 교재만을 사용하여 이득
을 취하는 것에 항의하고 싶은 것 같습니다. 하지만 교수님이
그 책을 교재로 선택하신 데는 학생이 생각하는 것처럼 개인적
이득을 얻기 위한 것보다 더 중요한 다른 이유가 있을 것입니
다. 그리고 그 분야에 대해서 잘 알고 계신 분이시라 여러 가지
를 고려하셔서 교재를 선택하셨을 것 같습니다. 섣불리 교수님
께 항의하기 전에 우선 그분의 뜻을 먼저 알아보는 것이 좋을
것 같습니다.
저의 답이 학생에게 도움이 되기를 바랍니다.

앞의 내용은 상담 메일을 받은 지도교수의 답 메일입니다. 이

답 메일을 받은 학생은 다시는 지도교수에게 상담을 하지 않았다고 합니다.

왜 그랬을까요?

학생 입장에서 답 메일을 읽어 보면 교수님이 자신의 마음은 잘 이해하지 못하고 상대방 교수님의 입장만 옹호하면서 자신에게 충고를 하고 있다고 생각될 수 있습니다.

그렇다면 이 학생이 말하고자 하는 속 메시지는 무엇일까요?

교수님이 자신의 교재를 팔아서 이득을 얻는 것 같다는 것은 겉 메시지이고 진짜 학생이 말하고자 하는 속 메시지는 '갈등이 된다'는 것과 그 교수님에게 '화가 난다'는 것입니다. 그것이 학생이 상담을 받고 싶은 진짜 목적입니다.

그런 경우, 우선 "지금 갈등이 많이 되어서 힘들군요. 그리고 학생은 다양한 교재로 배우고 싶은데 그 교수님이 자신의 교재만을 사용해서 화가 났군요. 그래서 교수님에게 학생의 마음을 전하고 싶은데 혹시 교수님이 기분이 상해서 학생에게 불이익을 줄까 봐 걱정도 되시는군요."라고 학생의 마음을 읽어 주는 것이 중요합니다. 그리고 "학생의 생각이나 마음을 좀 더 자세히 알고 싶네요. 그리고 직접 학생과 만나서 이 문제에 대해 같이 이야기를 나누었으면 합니다."라고 문제 해결을 위한 추후 상담을 권하는 것이 좋습니다.

학생의 말은 속 메시지와 겉 메시지로 이루어져 있습니다(김은실, 손현동, 2011). 속 메시지와 겉 메시지가 다른 것은 우리 주변에서 흔히 볼 수 있는 대화의 방식입니다. 그래서 상담을 하다 보면 학생의 진짜 마음을 알지 못해서 그들의 비난에 쉽게 감정이 상하기도 합니다. 가령, "왜 항상 과제가 이렇게 많아요?"라는 학생의 말에 "배울 것이 많아서 그래."라고 답을 한다면, 더 이상 학생과 이야기를 진행할 수 없을 것입니다. 학생의 속 메시지는 '과제가 많아서 힘들다'는 것입니다. 이 경우 "과제가 많아서 힘들군요."라고 말해 준다면 아마 학생은 교수에게 자신의 속마음을 좀 더 이야기할 수 있을 것입니다.

학생이 상담을 요청하는 경우는 구체적인 정보나 도움을 얻고 싶어서인 경우도 있지만 현재의 힘든 상황을 공감받기 위해서인 경우도 많습니다. 충고나 문제 해결보다는 우선 학생이 말하고자 하는 속 메시지를 잘 이해하고 그 마음을 공감해 주는 것이 대부분의 학생에게 그들의 마음을 좀 더 열게 하는 방법이 될 것입니다.

5장

상황에 따른
구체적인 상담 방법

1. 학생 이해를 위한 상담

대학생 상담에 있어 가장 중요한 목적 중 하나는 학생에 대한 이
해일 것입니다. 학생을 이해하기 위한 다양한 질문은 4장의 '1. 개
인 상담'에서 '1) 개인 상담 절차' 중 '(2) 학생의 어려움/관심사
구체화하기' 부분이 자세히 다루고 있습니다. 이 질문들을 통해
학생을 이해하는 것이 좋습니다. 하지만 간혹 학생 자신도 스
스로의 욕구, 감정, 생각을 명확하게 모르는 경우가 있습니다.
그런 경우 학생이 지금까지 살아온 과거와 현재, 미래에 대한
활동을 통해 그들의 이해를 우선적으로 돕는 것이 필요합니다.
　다음은 학생의 과거, 현재, 미래를 알 수 있는 상담 활동입니다.
개인 상담뿐 아니라 집단 상담에서도 활용 가능하며, 활동 자체만
으로도 학생이 자신에 대한 이해를 높이도록 할 수 있습니다.

학생 이해를 위한 상담의 예

◆ **목표**
1. 학생은 자신의 과거, 현재, 미래에 대해 조망할 수 있다.
2. 학생은 조망을 통해 자신의 이해를 도울 수 있다.

◆ **준비물**
〈부록 2〉 '생애곡선 그리기' 활동지, 필기도구, 색연필, 사인펜 등

상담 내용	
도 입 (5분)	• 학생에게 오늘 할 상담 활동과 목적을 소개합니다. "지금부터 학생이 지금까지 살아온 과거, 현재, 미래에 대한 생애곡선 그리기를 하고, 그 그림을 가지고 서로 이야기를 나눌 거예요. 이 활동은 학생에 대해서 좀 더 잘 이해하기 위한 것입니다."
활 동 (30분)	• 잠시 눈을 감고 자신의 과거, 현재, 미래에 대해 생각해 보도록 합니다. (30~60초 정도) "자, 이제 잠시 눈을 감고 자신의 과거, 현재, 미래에 대해 떠올려 볼까요?" "기억에 남는 과거의 장면이 있나요?" • '생애곡선 그리기' 활동지와 필기도구를 제시합니다. • 눈을 뜨고 활동지에 과거를 적당히 배분해서 힘들거나 행복했던 정도를 표시해 보도록 합니다. "눈을 떠요. 여기 '생애곡선 그리기' 활동지가 있어요. 이곳이 현재입니다. 태어나서 지금까지를 적절하게 나눈 후, 그 시절에는 얼마나 행복했는지, 혹은 얼마나 힘들었는지를 5점으로 표시해 보는 거예요. 특정 사건이 있었으면 그

활동 **(30분)**	사건을 중심으로 표시해도 돼요. 그리고 현재는 어떻게 평가할 수 있는지 표시해 보세요. 그런 후에 미래에는 어떤 모습일지 추측해 보고 그것을 이 활동지에 표시해 보세요." • 다 그런 후, 과거부터 이야기를 나눕니다. 행복한 정도 또는 힘든 정도를 높게 평가한 경우에는 그때의 감정을 이야기하도록 돕고 공감해 줍니다. "이제 완성된 그래프를 보면서 그 당시의 사건에 대해 자세히 이야기해 볼까요?" "학생은 초등학생 시절에 힘든 정도가 5라고 했는데, 그때 느낌을 이야기해 볼래요?" "그 사건이 현재에 어떤 영향을 주고 있나요?" 혹은 "그 사건이 현재 어떤 의미를 가지나요?"
마무리 **(5분)**	• 오늘 상담 활동을 정리합니다. 우선 상담을 시작한 목적, 진행 과정, 상담의 목표, 해결 방안 등에 대해 교수가 요약해 줍니다. 그런 후에 오늘 상담에 대해서 느낀 것, 특히 상담을 통해 얻은 것을 말해 보도록 합니다. "이제 상담 시간이 끝나 가네요. 오늘은 학생이 자신의 성장 과정과 현재 그리고 미래를 어떻게 보는지에 대해 이야기 나눴어요. 오늘 상담을 하고 난 후 느낀 것이나 생각한 것이 있다면 무엇인가요?" • 상담 중에 미진한 것이 있다면 그것을 보강하기 위해, 혹은 학생의 문제 해결을 위한 노력을 확인하기 위해 추후 상담을 약속합니다. 추후 상담을 위해서는 정확한 상담 시간과 장소를 서로 정합니다. 그리고 약속을 지키지 못할 경우 연락할 수 있는 방법에 대해서 구체적으로 알려 줍니다.

> **주의점**
> - 과거의 사건을 자세히 말하고 싶지 않아 하는 경우에는 "자세히 말하고 싶지 않은가 봐요."라고 말하고 대답을 강요하지 않습니다.

● 상담 사례: 전공 선택을 갈등하는 대학 신입생

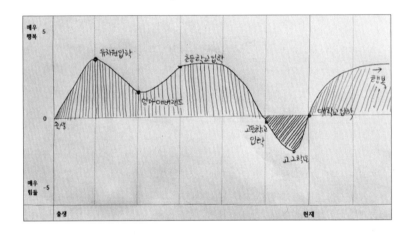

교수: 모두 완성했군요. 수고했어요. 자, 그럼 그림에 대해서 설명해 주세요.

학생: 저는 유치원에 입학했을 때는 너무 행복했어요. 새로운 친구도 만났고 무난하게 초등학교와 중학교도 다녔어요.

교수: 어린 시절과 초등학교, 중학교 시절은 행복했군요. 그런데 고등학교 시절에는 마이너스 쪽이네요. 특히 고등학교 2학년 때 무슨 일이 있었나 봐요.(질문하기)

학생: 네. 그때는 지옥 같았죠. 친구들과 문제가 생겨서 거의 혼자 지냈어요.

교수: 그랬군요. 힘든 시간이었겠네요.(공감하기) 어떤 일이 있었는지 이야기해 줄 수 있나요?

학생: 친구들이 제가 재수 없게 생겼다고 저를 놀리고 때렸어요.

교수: 아, 그런 일이 있었군요. 학생이 경험한 일을 생각하니 참 마음이 아프네요. 그런데 현재는 0이라고 했네요?

학생: 네. 고등학교를 졸업해서 좋아요. 그래도 제가 원하는 대학에 진학한 것은 아니었어요.

교수: 그랬군요. 실망스러웠겠어요. 그래도 이후에는 행복한 것으로 표시했네요.

학생: 네. 원하는 대학은 아니었지만 막상 입학해서 공부해 보니 학과 공부도 재미있고 친구들도 많이 사귈 수 있었어요. 그래서 앞으로는 계속 행복할 것 같아요.

2. 대인 관계 관련 상담

대학생의 대인 관계 어려움의 원인은 전공에의 부적응이나 학업의 어려움만큼 학교 중도 탈락 역시 큰 비중을 차지합니다. 그밖에도 사회기술의 부족, 공감능력의 부족, 대인 관계에 대한 부담감, 과도한 친애적 행동 등 그 원인은 다양합니다.

학생의 대인 관계 어려움을 다루기 위해서는 현재의 대인 관계에 대한 정확한 평가와 인식이 필요합니다. 그다음에 대인

관계 어려움의 원인을 분석하고, 학생에게 맞는 적절한 방식을
조언해야 합니다. 다음은 학생의 대인 관계를 정확히 평가하기
위한 상담 활동 자료입니다. 이 활동을 통해 학생의 대인 관계
를 평가하고 학생의 인식을 높여 보도록 합니다. 또한 이것을
통해 현재 학생이 맺고 있는 대인 관계 양상을 평가하고 함께
이야기해 보세요.

대인 관계 관련 상담의 예

◆ **목표**
1. 학생은 자신의 현재 대인 관계를 평가할 수 있다.
2. 학생은 자신의 대인 관계 중 개선하고 싶은 것을 구체적으로 안다.
3. 학생은 개선하고 싶은 대인 관계의 목표를 달성하기 위해 구체적인 전략을 수립할 수 있다.

◆ **준비물**
A4용지 1장, 필기도구, 색연필 등

상담 내용	
도입 **(5분)**	• 학생을 맞이하고 상담의 목적에 대해 안내합니다. "어서 와요. 오늘은 학생의 대인 관계에 대해 이야기를 나눌까 싶어서 불렀어요. 우리는 약 50분 정도 이야기를 나눌 거예요. 그리고 나는 학생을 돕고 싶은 마음이 있어요. 마음 편하게 학생이 하고 싶은 이야기를 하면 돼요." • 학생에게 오늘의 상담 활동을 소개합니다. "지금부터 학생의 대인 관계를 알아보기 위해 '친구 관

도 입 (5분)	계도' 그리기를 한 후 그 그림을 가지고 이야기를 나눌 거예요."
활 동 **(40분)**	• 준비된 종이와 색연필을 제시합니다. • 잠시 눈을 감고 자신의 친구들을 생각해 보도록 합니다.(30~60초 정도) "자, 이제 잠시 눈을 감고 학생의 친구들에 대해 떠올려 볼까요?" "친구를 생각해 보세요. 그 친구와 나는 어떤 관계인가요? 나와 그 친구 사이에 어떤 일이 있었나요? 그 친구를 생각하면 어떤 기분이 드나요?" • 눈을 뜨고 남자는 네모, 여자는 동그라미로 크기와 거리에 관계없이 관계도를 그려 보게 합니다. "눈을 뜨고, 떠오른 친구들을 남자는 네모, 여자는 동그라미로 그려 보세요. 우선, 학생 자신을 네모/동그라미로 그리고 나머지 친구들을 그려 보세요." • 도형을 다 그린 후 색연필을 이용해 자신에게 긍정적 느낌을 주는 친구는 밝은 색으로, 부정적 느낌을 주는 친구는 어두운 색으로 칠하도록 합니다. "다 그렸으면 색연필을 이용해서 그 친구가 자신에게 어떤 느낌을 주는지 표현해 보세요. 긍정적인 느낌이면 밝은 색, 부정적인 느낌이면 어두운 색으로 칠하세요." • 다 칠한 후 다음과 같은 질문을 통해 학생의 대인 관계를 탐색합니다. "그림을 그리고 난 후 드는 생각이나 느낌이 있나요?"

활동 **(40분)**	"이 중에서 당신과 가장 친한 친구는 누구인가요? 그 이유는 무엇인가요?" "이 중에서 당신과 사이가 좋지 않은 친구는 누구인가요? 그 이유는 무엇인가요?" • 학생의 대인 관계 중 개선하고 싶은 욕구를 지닌 관계를 탐색하고 지금까지 사용한 전략을 확인한 후 평가합니다. "혹시 관계를 개선하고 싶은 사람이 있나요? 관계를 개선한다면 어떤 관계로 개선되기를 원하나요?" "관계를 개선하기 위해 지금까지 사용한 방법이 있나요? 있다면 어떤 방법을 사용해 보았나요?" "그 방법이 효과적이었나요? 효과적이지 않았다면 그 이유는 무엇 때문일까요? 혹시 다른 방법을 생각해 보신 적이 있나요?"
마무리 **(5분)**	• 오늘 상담 활동을 정리합니다. 우선 상담을 시작한 목적, 진행 과정, 상담의 목표, 해결 방안 등에 대해 교수가 요약해 줍니다. 그런 후에 오늘 상담에서 느낀 것, 특히 상담을 통해 얻은 것을 말해 보도록 합니다. "이제 상담 시간이 끝나 가네요. 오늘은 학생의 현재 친구 관계와 개선하고 싶은 것에 대해 이야기해 보았어요. 오늘 상담을 하고 난 후 느낀 것이나 생각한 것이 있다면 그것은 무엇인가요?" • 상담 중에 미진한 것이 있다면 그것을 보강하기 위해, 혹은 학생의 문제 해결을 위한 노력을 확인하기 위해 추후 상담을 약속합니다. 추후 상담을 위해서는 정확한 상담 시간과 장소를 서로 정합니다. 그리

마무리 (5분)	고 약속을 지키지 못할 경우 연락할 수 있는 방법에 대해서 구체적으로 알려 줍니다. "이제 상담 시간이 모두 끝났군요. 다음에 이야기를 더 나누었으면 해요. 언제 다시 만나면 좋을까요? 혹시 약속 시간에 올 수 없으면 하루 전에 미리 저에게 메시지나 전화를 주세요."
주의점	● 친구와의 관계를 충분히 생각할 수 있는 시간을 줍니다.

● 상담 사례: 갑자기 남자 친구에게 이별 통보를 받은

　　3학년 여학생

교수: 어서 와요. 이리 앉아요. 지난 주 강의를 모두 결강해서 학생에게 무슨 일이 있는지 궁금해서 상담을 권했어요.(상담의 목적 밝히기) 혹시 내가 상담을 청한 것이 부담이 되었나요?

학생: 사실 교수님이 상담하자고 했을 때 겁이 났어요.

교수: 그랬군요. 제가 갑자기 상담을 신청해서 겁이 났군요.(공감하기)

학생: 예.

교수: 학생이 이전에는 한 번도 결강을 하지 않았는데 최근 결강이 잦아서 걱정이 되었어요. 그래서 상담을 신청했어요. 혹시 이야기하는 것이 부담이 되시면 상담을 하지 않아도 돼요.

학생: 아니요. 사실 저도 누군가와 이야기를 하고 싶었어요.

교수: 그래요? 편하게 이야기하시면 돼요. 어떤 이야기를 하고 싶었나요?(상담 목적 구체화하기)

학생: 저는 대인 관계를 잘 맺지 못하는 것 같아요.

교수: 그렇게 생각하게 된 이유를 구체적으로 좀 더 자세히 이야기해 줄 수 있나요?(상담 목적 구체화하기)

학생: 사실 1주일 전에 남자 친구와 헤어졌어요. 일방적으로 남자 친구가 헤어지자고 했어요. 이유는 잘 모르겠어요.

교수: 아, 그렇군요. 그래서 많이 힘들었군요.(공감하기) 그런데 남자 친구와 헤어진 사건과 대인 관계를 잘 못하는 것은 어떤 관계가 있을까요?(문제를 더욱 구체화하기)

학생: 이렇게 헤어진 적이 예전에도 있었거든요. 예전에 사귄 남자 친구도 3개월 사귀더니 지겹다면서 헤어지자고 했어요.

교수: 아, 지난번 남자친구도 일방적으로 헤어지자고 했는데 이번에도 같은 일이 일어났군요. 그런데 그 이유가 학생

이 대인 관계에 서툴기 때문이라는 생각이 들었군요.(요약하기)

학생: 예. 맞아요. 저는 제가 대인 관계에 문제가 있는 것 같아요. 제가 잘하고 있나 하는 생각도 들고……. 그래서 사람 사귀는 것이 두려워요.

교수: 그런 사건으로 인해 대인 관계에 대한 자신감이 없어졌군요.(공감하기) 그럼, 학생의 대인 관계에 대해서 한번 알아보고 같이 이야기를 나누면 어떨까요?(문제해결 방식 제안하기)

학생: 좋아요.

(중략)

교수와 학생은 '학생의 대인 관계 파악하기' 활동을 했습니다.

학생: 다 했어요.

교수: 예, 수고했어요. 이 그림에 대해서 설명해주실 수 있을까요?

학생: 저는 맨 밑의 오렌지 색 동그라미이고요, 오른쪽 위의 하늘색 네모가 애인, 그리고 한 명의 여자 친구(왼쪽 동그라미)와 두 명의 남자 친구(오른쪽 네모 2개)가 있습니다. 저는 친구 관계가 넓다기보다는 깊이 있게 사귀는 유형인 것 같아요.

교수: 그렇군요. 이 그림을 그리면서 혹시 드는 생각이나 느낌이 있었나요?

학생: 저와 남자 친구가 붙어 있잖아요. 저는 친밀한 관계를 원하는데 남자 친구에게 그러한 관계를 너무 강요했던 것

같아요.

교수: 좀 더 자세히 이야기할 수 있나요?

학생: 저는 사람하고 쉽게 친해지지 않아요. 그런데 한번 친하게 지내면 단짝처럼 지내거든요. 남자 친구와도 마찬가지고요. 그래서 남자 친구와 항상 함께하고자 했어요. 밥을 먹거나 쇼핑을 하거나 영화를 보러도 항상 같이 다녔어요. 그런데 남자 친구는 다른 친구나 선배하고도 어울리고 싶어 했거든요. 그래서 남자 친구가 다른 사람과 함께 시간을 보내면 싸우게 됐어요.

교수: 아, 그랬군요.(장단 맞추기)

학생: 지금 이렇게 이야기를 나누다 보니 그게 부담이 될 수도 있고 지겨울 수도 있었을 것 같다는 생각이 드네요.

교수: 아, 그렇군요. 항상 함께하고 싶은 학생의 마음이 때로는 다른 사람에게 부담이 되기도 한다는 것을 깨달았군요.

학생: 예.

교수: 오늘 상담 시간이 모두 끝나 가네요. 혹시 오늘 상담을 통해서 드는 생각이 있나요?

학생: 이렇게 말하고 나니 기분이 좋아져요. 제 문제를 다시 한번 생각해 보려고요.

교수: 오늘 상담을 통해 그런 생각을 하게 되었군요. 그리고 기분이 좋아졌다니 저도 기쁩니다.

3. 학업 관련 상담

최근에는 취업난으로 대학생들도 학점 관리에 관한 고민을 많이 합니다. 대학생의 학업과 관련된 어려움에는 크게 '강의 내용이 어려워서 이해가 안 돼요.' '공부가 싫어요.' '집중이 안 돼요.' '과제가 너무 많아요.' '시험/학점 스트레스가 심해요.'와 관련된 내용이 주를 이룹니다. 그래서 학업 관련 상담을 위해서는 먼저 학생이 학업 상황에서 경험하는 어려움을 정확하게 이해해야 합니다. 그리고 그 원인을 파악하고 학생에게 적절한 문제해결 방법을 함께 나누어야 합니다.

다음은 학업 관련 어려움과 그 원인, 그리고 구체적인 상담 방법입니다.

성적을 잘 받고 싶어요

아마도 교수님은 "열심히 하면 되지."라고 말해 주고 싶을지도 모릅니다. 하지만 이 답은 이미 학생도 알고 있는 것이고 각 과목 교수님이 학기 초에 오리엔테이션을 통해 알려 준 것이기도 합니다. 그런데도 이런 질문을 한 속마음은 '열심히는 하겠지만 뭔가 더 특별한 방법은 없을까요?'에 더 가까울 것입니다.

우선 학생이 학점을 잘 받고 싶어 하는 마음을 공감해 줍니다. 그다음에 학생의 학습 방법을 구체적으로 알아봅니다. 만약 학생의 학습 방법이 효과적이지 않다면 학생에게 맞는 효과적인 방법을 찾고, 학생이 실천할 수 있도록 함께 계획을 세웁니다.

- 대화의 예

  학생: 교수님, 성적을 잘 받고 싶은데 어떻게 하면 잘 받을 수 있을까요?

  교수: 성적을 잘 받고 싶은데 마음대로 되지 않아서 속상하군요. 그래서 뭔가 특별한 방법을 알고 싶군요.(공감하기) 우선 학생의 학습 방법을 알면 훨씬 더 도움을 줄 수 있을 것 같아요. 지금까지 어떻게 공부해 왔는지 이야기해 볼 수 있나요?(학습 방법 탐색)

  학생: 저는 평소에는……하고 있고, 시험 때는……하고 있어요.

  교수: 아, 그렇군요. 열심히 하고 있군요. 하지만 공부 시간에 다른 생각을 많이 해서 사용하는 시간에 비해 효과가 떨어지네요. 공부 시간에 다른 생각을 하지 않고 집중할 수 있는 방법이 있을까요?(효과적인 방법의 탐색)

Tip

학점 관리를 위한 전략

다음은 교수가 학생에게 알려 줄 수 있는 효과적인 학점 관리 전략입니다.

- **나에게 맞는 과목을 신청하라**

  학점을 잘 받기 위해서는 수강 신청을 잘 해야 합니다. 단순히 재미있을 것 같아서, 친한 친구와 함께 강의를 듣고 싶어서, 혹은 선배의 조언에 의해서 무작정 수강 신청을 하는 것이 아니라 학생의 진로와 수준에 맞춰 수강 신청을 해야 합니다. 학생에게 맞는 과목에는 학생이 들어야 하는 과목도 포함됩니다. 학생의 수준과 진로에 적합한 과목은 학업에 대한 동기를 높이기 때문에 높은 학점과 연결될 수 있습니다.

• **교수님과 친해져라**

학생에게 수업 중 궁금한 것이 생기면 주저하지 말고 손을 들어 질문하게 하고 수업에 관한 정보를 가능하면 많이 얻어 내도록 지도합니다. 강의 첫날 강의계획서를 받는 순간 교수님의 '상담 가능 시간'을 확인해서 교수님을 직접 찾아가거나 이메일, 블로그, 홈페이지 등을 통해 교수님과 자주 연락을 취할 수 있도록 지도하는 것도 필요합니다.

• **앞자리에 앉아라**

가능하면 강의실 앞자리에 앉도록 지도합니다. 강의는 교수와 학생 간의 의사소통으로, 앞자리는 교수와 의사소통을 원활하게 할 수 있도록 도와줍니다. 또한 앞자리는 강의에 집중할 수 있도록 해서 학생의 학업 능률을 높여 줍니다.

- **출석은 100% 하라**

  강의에 성실하게 출석하는 것은 학점을 잘 받기 위한 기본임을 학생들에게 알려 줍니다. 중간고사나 기말고사와 같은 평가에 의해 학점이 결정되기도 하지만 교수님들 중에는 학생의 성실함을 중요한 평가 기준으로 생각하는 분도 많습니다. 그래서 학생들의 실력이 비슷할 때는 출석률이 학점을 가르는 중요한 요소가 될 수 있음을 알려 줍니다.

- **시간을 효과적으로 관리하라**

  높은 학점을 얻기 위해서는 시간 관리가 중요합니다. 동아리 활동이나 친구 관계를 유지하기 위한 활동에 너무 오랜 시간을 사용하면 학업에 투자할 시간이 부족해집니다. 그래서 시험이 다가오면 벼락치기를 하거나 밤을 새면서 보고서를 작성하게 됩니다. 이런 경우는 좋은 학점을 받을 수가 없습니다. 시험이나 보고서 제출 기한이 정해졌다면 학생이 하루 단위로 체계적인 계획을 세울 수 있도록 도와야 합니다.

- **노트 필기는 철저히 하라**

  노트 필기는 교재와 달리 강의 중에 교수님이 강조하거나 반복한 내용을 그대로 노트에 옮길 수 있다는 장점이 있습니다. 그래서 시험에 효과적으로 대비하기 위해서는 노트 필기가 필수임을 알려 줍니다.

- 쉬는 시간을 이용하라

  강의를 듣기 전후에 복습이나 예습하는 습관을 갖도록 합니다. 예습은 수업 내용을 이해하는 데 도움을 주어 강의에의 집중도를 높여 줍니다. 수업 5분 전에 학습 목차나 목표를 먼저 읽고 큰 제목을 읽도록 합니다. 그리고 수업 전에 휴대폰을 미리 꺼 두어 수업에 집중할 수 있도록 합니다.

강의 내용이 어려워서 이해가 안 돼요

이와 같은 어려움은 선행 학습이 안 된 경우일 수도 있고 새로운 학문을 시작하면서 누구나 겪는 어려움일 수도 있습니다. 우선은 강의 내용이 어려운 원인을 찾아야 합니다. 그러기 위해 다음 대화를 참조하여 먼저 학생의 마음을 공감해 주고, 강의 내용이 어려운 원인을 구체화해야 합니다.

- 대화의 예

  학생: 강의 내용이 어려워서 이해가 안 돼요.

  교수: 그래요. 강의 내용이 이해가 안 된다니 답답하겠네요.(공감) 그런데 강의 내용 전체가 어려운가요? 아니면 일부분만 어려운가요?(구체화 질문)

  학생: 그냥 다 그래요.

  교수: 그렇군요. 어려움이 많겠어요.(공감) 그럼 언제 어려움을

느꼈는지 구체적인 상황이나 예를 들어 줄 수 있나요?(구
체화 질문) 지금 바로 떠오르지 않으면 잠시 생각해 보고
이야기해도 돼요.

 앞의 질문을 통해 강의 내용이 어려운 원인을 구체화한 다음,
원인에 따라 다음과 같은 방법으로 상담을 진행합니다.

원인 1. 새로운 학문에 대한 어려움

 신입생의 경우에는 새로운 학문을 시작하면서 어려움을 느끼
기도 합니다. 그런 경우라면 학생이 빨리, 그리고 잘 이해하고
싶어 하는 마음을 충분히 공감해 주고, 아직은 명확하게 이해되
지 않는 모호함을 잘 견딜 수 있도록 격려해 줍니다.

- 대화의 예
  교수: 그래요. 학생이 빨리, 그리고 잘 이해하고 싶은 마음을
      충분히 알겠어요. 그러니 답답한 마음도 크겠지요. 하지
      만 학문을 처음 접하다 보면 생소하고 금방 이해가 되지
      않기도 해요. 학생의 이야기를 들으니 저도 처음 대학에
      들어가서 어려움을 경험했던 기억이 떠오르는군요.

원인 2. 선행 학습의 부족

 만약 선행 학습의 부족 때문이라면 그것의 중요성에 대해서 이
야기를 나누고, 효과적인 선행 학습 방법, 방해 요인 등을 이야기

하여 선행 학습을 효율적으로 할 수 있는 방법을 모색합니다.

- 대화의 예

  교수: 그래요. 사전 지식이 없어서 이해하기 힘들군요. 새로운
  것을 학습하는 데 선행 학습은 ……한 이유로 중요해요.
  학생은 어떤 방법으로 선행 학습을 하면 좋을까요? 혹시
  학생이 생각하고 있는 좋은 방법이 있나요? 그리고 선행
  학습을 하는 데 방해가 되는 것이 있나요?

공부에 흥미가 없어요

학업 동기가 부족한 대표적인 이유로는 대학과 학과 등에서
학생이 원치 않은 진로를 선택한 경우, 기대했던 전공과 다른
경우, 공부 이외의 다른 욕구가 강한 경우, 우울이나 불안 등과
같은 심리적 이유 등이 있습니다. 그 원인에 따른 구체적인 상
담 방법은 다음과 같습니다.

원인 1. 원치 않은 진로를 선택했거나 그것이 생각과 다른 경우

대학과 학과 선택에서 학생이 원하지 않은 진로를 선택한 경
우나 생각했던 전공과 다른 경우에 대해서는 이 장의 '4. 진로
관련 상담' 부분을 참고하세요.

원인 2. 공부 이외의 다른 욕구가 강한 경우

대학생은 고등학교 때와는 다른 자유로운 생활을 만끽하고

그동안 하고 싶었던 것을 즐기느라 공부보다는 다른 활동(예: 동아리 활동, 친교 활동, 취미 활동 등)에 더 몰입하기도 합니다. 물론 마음껏 자유를 누리고 원하는 것을 추구하는 것은 자연스러운 일인지도 모릅니다. 하지만 여기에 너무 빠지면 대학생활이 잘 관리되지 않고 결국 학점에 영향을 받아 학사 경고를 받기도 합니다. 하지만 그런 학생들에게 섣불리 충고하면 자신에게 간섭한다고 반발을 할 수 있습니다. 따라서 그들의 이야기에 관심을 갖고 들어주며 지금 자신의 행동에 대한 결과를 생각할 수 있도록 도와주는 것이 좋습니다.

● 대화의 예

교수: 요즘 수업 시간에 자주 빠지는 것을 보니 학생에게 뭔가 중요한 일이 있나 봐요.

학생: 네, 꼭 그런 것은 아닌데요. 그냥 밤 늦게까지 연극 연습을 하다 보니 아침에 일어나기 힘들어요.

교수: 그랬군요. 연극 연습에 몰입하고 있나 봐요. 학점이나 학교생활보다는 연극이 학생에게 더 중요하다 보니 수업이나 학업에는 신경을 쓰기 어렵군요. 학생에게 연극은 어떤 의미를 가지는지 궁금하군요.

원인 3. 우울이나 불안과 같은 심리적 문제를 가진 경우

학생이 우울이나 불안과 같은 심리적 문제를 가지고 있으면 학업에 집중할 수 없고, 학업에 대한 동기도 떨어집니다. 이

런 경우 학생이 현재 경험하고 있는 심리적 어려움을 구체적
으로 알아봐야 하고, 그 정도가 심각하면 이 장의 '7. 전문 기
관으로 의뢰하기'를 참조하여 전문 기관으로 의뢰함으로써
학생의 심리적 어려움을 먼저 해결하는 것이 우선되어야 합
니다.

공부를 열심히 했는데 성적이 잘 안 나와요

학업 상담 장면에 오는 학생들이 많이 호소하는 문제입니다.
이 경우에는 실제로 공부를 열심히 했는지 확인해 보는 것이 우
선입니다. 그런데 공부하는 시간에 비해 성적이 낮게 나왔다면
그 원인은 학습 방법의 문제일 수도 있고 시험지나 보고서를 쓰
는 요령이 부족하기 때문일 수도 있습니다.

원인 1. 학습 방법의 문제

낮은 성적의 원인이 만약 학습 방법의 문제라면 교수가 그
학생에게 효과적인 학습 방법을 구체적으로 알려 주거나 도
움 받을 수 있는 기관을 알려 줄 수 있습니다. 또한 학습 방법
과 관련된 자료나 책자를 권해 줄 수도 있습니다.

• 대화의 예

　교수: 학생의 말을 들어보니, ……한 학습 방법이 필요한 것으
　　　　로 보여요. 그런 학습 방법을 잘 다루고 있는 책으로는
　　　　……가 있어요. 그리고 우리 학교에 학생들의 효과적인

학습을 도와주기 위한 학습지원센터라는 곳이 있는데 그
곳에 가면 학생에게 효과적인 학습 방법을 배울 수도 있
을 거예요.

대학생의 학습 관련 서적

고봉익(2006). 플래닝. 서울: 씨앗을뿌리는사람.

김혜온, 김수정(2008). 대학생을 위한 자기주도학습기술. 서울: 학지사.

손연아, 이석열, 이은화, 이희원, 장상필(2007). 성공적인 대학생활
    을 위한 학습전략. 서울: 학지사.

손연아, 이석열, 이은화, 이희원, 장상필(2007). 성공적인 대학생활
    을 위한 학습전략 포트폴리오. 서울: 학지사.

신성일(2004). 웰빙 학습법. 서울: 동서고금.

오정숙(2008). 대학 4년. 똑똑하게 공부하라. 서울: 한언.

정종진(2007). 뇌기능과 학습력 향상을 위한 브레인 짐. 서울: 학지사.

조용개, 손연아, 이석열, 이은화, 이희원(2010). 대학생활을 위한 학
    습전략 포트폴리오. 서울: 학지사.

Jacobs, L. F., & Hyman, J. S. (2011). 스펙 종결자가 되는 A+ 대학
    생활 시크릿(서우다 역). 서울: 코리아닷컴.

Luckie, W. R. (2001). 학습의 기술(한순미 역). 서울: 학지사.

Newport, C. (2011). 아이비리그 우등생클럽 파이베타카파 회원들의 대학성적 올에이 지침서(김정아 역). 서울: 롱테일북스.

원인 2. 시험지 및 보고서 작성 요령의 부족

성적이 낮은 원인이 시험 답안이나 보고서를 쓰는 요령이 부족한 것인 경우에는 학생의 보고서나 시험 답안을 꼼꼼히 읽어 보고 솔직하게 평가해 준 후 개선해야 할 방향을 설정해 줍니다.

다음은 학생들에게 도움을 줄 수 있는 보고서 작성 요령입니다.

Tip

효과적인 보고서 작성 요령

【보고서 작성 단계】

• 주제 정하기

보고서의 내용을 잘 파악한 후 보고서의 분량, 준비 시간 등을 고려하여 학생이 자신의 능력에 알맞은 주제를 선정하도록 합니다. 그리고 학생이 스스로 구체적이고 명확한 주제를 정했다면 본격적으로 보고서를 작성하도록 합니다.

- **자료 수집하기**

  현장 조사, 관찰, 실험 등을 통한 직접적인 자료와 각종 서적이나 인터넷 등에서 얻은 간접적인 자료를 수집하도록 합니다.

- **보고서 구성하기**

  보고서를 작성하기 위해서 학생에게 서론, 본론, 결론의 내용을 정하도록 합니다.

  서론은 앞으로 전개할 부분에 대한 주제 및 내용을 소개하는 단계입니다. 즉, 보고서의 '질문(문제 제기)', 제기된 문제에 대한 주장, 주장의 중요성, 그 주장의 도출 방법, 본론에 나올 보고서의 분석 절차 내용 등을 기술하도록 합니다.

  본론은 서론에서 제기한 '왜?'라는 질문에 대한 대답을 다양한 경험적 증거 자료(인터뷰, 조사, 통계 자료, 책, 논문)에 기반을 두고 분석하여 결과를 제시하면서 논리적으로 타당성을 입증하는 단계입니다.

  결론은 요약과 함의로 구성할 수 있도록 합니다. '요약'에서는 본론에서 주장한 핵심 내용만 골라 간략히 진술함으로써 한눈에 전체 내용을 알아 볼 수 있도록 합니다. 또한 '함의'에서는 함축된 결론이 내포하고 있는 의미를 언급하고, 앞으로의 전망이나 질문을 제기하도록 합니다.

- 글쓰기

  주관적이고 모호한 문장은 피하고 논리정연하게 작성하며, 글을 인용할 때는 출처를 꼭 밝히도록 합니다. 문장을 작성할 때 맞춤법과 문법 등은 정확하게 지키도록 합니다.

- 표지 완성하기

  표지에는 보고서 제목, 과목명, 소속 학과(부), 담당 교수, 학번, 이름, 제출 일을 적도록 합니다. 제목은 글의 주제를 알 수 있는 구체적인 것으로 선정하게 합니다.

집중이 안 돼요

공부를 하려고 자리에는 앉아 있지만 집중하기 어렵고, 그래서 공부를 해도 능률이 오르지 않는다는 호소를 하는 학생들이 많습니다. 학생이 집중이 안 되는 원인으로는 갈등이 있거나 뚜렷한 목표가 없는 경우가 가장 많습니다. 그 외에도 심신이 피곤한 시간대에 공부 시간을 배정하는 경우도 있습니다.

우선 다음 대화의 예처럼 집중이 되지 않는 원인을 먼저 파악하고, 각 원인에 따라서 상담을 진행합니다. 만약 우울이나 불안, 알코올이나 약물 중독 등 심각한 심리적 어려움이 있는 경우에는 전문 기관으로 의뢰합니다.

- 대화의 예

  학생: 대학에 입학해서 제가 하고 싶은 공부를 더 열심히 하기로 결심했는데 마음처럼 잘 안 돼요.

  교수: 그래요. 열심히 하고 싶은데 잘 안 되는군요. 그 이야기를 좀 더 자세히 해 줄 수 있나요?

  학생: 도서관에 가서 앉아는 있는데 집중이 안 돼요. 자꾸만 딴 생각을 하고 있고요.

  교수: 그렇군요. 주로 어떤 생각을 많이 하나요?

원인 1. 갈등이 있는 경우

다른 생각이 많다는 것은 공부에 집중하고 싶은 마음도 있지만 다른 중요한 일을 하고 싶은 마음도 함께 있기 때문입니다. 공부를 해야 한다는 생각에 몸은 도서관 책상 앞에 있지만 더 중요한 일을 하고 싶은 마음에 다른 생각을 하게 됩니다. 그런 갈등 상황에 처한 경우, 학생에게 중요한 것이 무엇인지 탐색하게 하고 먼저 해야 할 것을 선택하도록 도와줍니다.

- 대화의 예

  학생: 다른 아이들은 무엇을 하고 있을까 생각을 많이 하죠. '지금은 뭘 하고 있겠구나.'

  교수: 아, 다른 아이들이 뭘 할지 궁금했군요. 같이 있고 싶은 생각도 있는 것 같아요?

  학생: 네, 그렇지요. 그래도 공부를 해야 하니까요.

교수: 그래요. 공부를 해야겠다는 생각도 있고, 친구들과 놀고 싶은 마음도 있고…… 갈등이 많이 되겠네요. 그렇게 갈등이 되면 공부에 집중하기 어려운 것은 자연스러운 일 같아요. 하지만 2가지를 동시에 할 수는 없죠. 학생에게 중요한 것이 무엇인지 고민해 보면 좋겠어요.

원인 2. 뚜렷한 목표가 없는 경우

뚜렷한 목표와 동기가 없이 막연하게 열심히 공부하는 데에는 한계가 있습니다. 그런 학생에게는 다음과 같은 단계로 장기 목표, 중·장기 목표, 단기 목표를 설정할 수 있도록 도와 줍니다.

① 공부하려는 동기를 심어 주기(장기 목표 확인)
② 장기 목표를 달성하기 위해 필요한 중·장기 목표 설정하기

목표를 설정하는 것은 무엇보다 중요합니다. 목표를 제대로 설정하지 못하면 작심삼일로 끝나는 경우가 많습니다. 목표는 다음과 같이 SMART 전략을 사용하여 설정할 수 있습니다(Lee & Kotler, 2011).

• Specific: 구체적이고 명확하게
  어떤 행동에 대한 목표인지를 분명하고 구체적으로 수립

해야 합니다. 그리고 언제, 어디서, 무엇을, 어떻게, 얼마나
할 것인지를 포함해야 합니다.

– 좋은 예: 매일 아침 6시에 일어나 7시까지 도서관에 가겠다.

– 나쁜 예: 열심히 공부하겠다.

• Measurable: 측정이 가능하도록

목표를 얼마나 달성했는지 수치화할 수 있어야 합니다.

– 좋은 예: 매달 2권씩 책을 읽겠다.

– 나쁜 예: 독서를 하겠다.

• Attainable(Achievable): 도달 가능하도록

목표는 주어진 시간과 자원에 비추어 성취가 가능해야 합니다.

– 좋은 예: 매달 2권씩 책을 읽겠다.

– 나쁜 예: 하루에 1권씩 책을 읽어서 1년에 365권을 읽겠다.

• Realistic: 현실적으로

실현 가능한 현실적인 목표부터 차근차근 세워야 합니다.

– 좋은 예: 하루에 30분 일찍 일어나서 출발하기

– 나쁜 예: 아침 6시에 일어나 6시 30분에 출발하기(현재 8시
     에 일어남)

• Time-sensitive(Time-limited, Time-bounded): 시간적 제약이 있게
목표나 계획을 세움에 있어 제한 시간을 두어야 합니다. 즉,

그 목표를 언제까지 달성할 것인지 명확히 하는 것입니다.

– 좋은 예: 나는 올해 12월 31일까지 컴퓨터 자격증을 따겠어.

– 나쁜 예: 나는 컴퓨터 자격증을 따겠어.

학업 관련 상담의 예

다음은 학생의 효과적인 시간 관리를 위한 구체적인 상담 활동입니다.

◆ **목표**
1. 학생은 자신의 평상시 시간 사용 패턴을 파악할 수 있다.
2. 학생은 자신의 우선순위를 인식할 수 있다.
3. 학생은 자신이 소중하게 생각하는 것과 현재 사용하고 있는 시간의 비율을 비교하고 그 차이를 줄일 수 있는 방법을 생각할 수 있다.

◆ **준비물**
〈부록 3〉 '시간일기' 활동지, 필기도구 등

상담 내용	
도 입 (2분)	• 학생에게 오늘 할 상담 활동을 소개합니다. "학생이 시간 관리가 필요하다고 했는데 우선 학생의 시간일기를 작성해서 시간 사용 방식을 알아본 후 고치고 싶은 부분이 있는지 살펴보도록 할 거예요."
활 동 (28분)	• 〈부록 3〉의 '시간일기' 활동지를 작성하게 합니다. "지금부터 '시간일기' 활동지에 학생이 사용하고 있는 시간을 분석해 볼 거예요. 우선 활동지의 왼쪽에는 학생이 하

	는 일들이 있어요. 이곳에 제시된 것 이외의 것은 아래에 직접 적어 보세요."
	• '시간일기' 활동지를 분석합니다.
	"이 표를 보니 학생이 시간을 어느 곳에 많이 사용하는지, 학생이 중요하게 생각하는 것이 무엇인지를 알 수 있네요. 사용 순위를 살펴보니 취미 생활에 많은 시간을 들이고 공부 시간은 50분 정도로 사용하고 있군요."
활동 (28분)	• 학생의 우선순위와 시간 순위를 비교합니다.
	"시간일기를 보니 학생이 중요하게 생각하는 것은 공부군요. 그런데 학생은 취미 생활에 더 많은 시간을 사용하고 있네요."
	• 학생의 우선순위와 시간 순위를 맞추기 위한 방법을 논의합니다.
	"학생이 원하는 목표를 달성하기 위해 얼마의 시간이 필요할까요?" "부족한 시간을 만들기 위한 좋은 방법은 없을까요?"
마무리 (5분)	• 오늘 상담 활동을 정리합니다. 우선 상담을 시작한 목적, 진행 과정, 상담의 목표, 해결 방안 등에 대해 교수가 요약해 주는 것이 좋습니다. 그런 후에 오늘 상담에 대해서 느낀 것, 특히 상담을 통해 얻은 것을 말해 보도록 합니다.
	"이제 상담 시간이 끝나 가네요. 오늘은 학생의 현재 친구 관계와 개선하고 싶은 것에 대해 이야기해 보았어요. 오늘 상담을 하고 난 후 느낀 것이나 생각한 것이 있다면 무엇인가요?"

마무리 (5분)	• 상담 중에 미진한 것이 있다면 그것을 보강하기 위해, 혹은 학생의 문제 해결을 위한 노력을 확인하기 위해 추후 상담을 약속합니다. "이제 상담 시간이 모두 끝났군요. 다음에 이야기를 더 나누었으면 해요. 언제 다시 만나면 좋을까요? 혹시 약속 시간에 올 수 없으면 하루 전에 미리 저에게 메시지나 전화를 주세요."
주의점	• 학생이 현재 시간을 많이 사용하는 것의 목록이 학생의 우선순위는 아닐 수 있지만 학생의 심리적 욕구를 반영하는 것일 수 있습니다. 시간을 잘못 사용하고 있다고 비난하기보다는 먼저 그 욕구를 수용해 줍니다. 그다음에 그 욕구가 중요한 이유 및 학생이 말하는 목표와 현재 하고 있는 행동 간에 나타나는 차이의 이유에 대해 충분히 생각하고 이야기 나눌 수 있도록 합니다.

불안으로부터 벗어나기

"리포트는 몇 장 분량으로 쓸까요?" "자필로 쓸까요?" "겉표지는 할까요?" 등 신학기에 수업에 대한 오리엔테이션을 마치고 나면 그 한 주는 이런 메시지를 무수히 받습니다. 신학기는 새로운 환경으로, 누구나 약간의 불안감을 느낍니다. 그래서 불안을 없애기 위해서 불확실하다고 생각하는 것을 다시 확인하게 됩니다.

불안은 누구나 가지고 있는 감정 상태입니다. 불안을 느끼는 정도는 상황에 따라서, 대상에 따라서, 개인의 기질에 따라서 개인차가 많습니다. 발표나 시험이 다가오면 불안을 느끼는 학생이 있고, 사람들이 많은 곳이나 엘리베이터와 같이 갇힌 공간, 20층이 넘는 고층 건물 등에서 불안을 느끼는 학생이 있으며, 롤러코스터와 같은 놀이기구를 탈 때 불안을 느끼는 학생들도 있습니다. 또는 친구들과의 사이에서는 불안을 느끼지 않는데 교수님을 보면 불안을 느끼는 학생이 있고, 커다란 개나 뱀, 거미 등 특정 동물을 보면 불안을 느끼는 학생도 있습니다. 그 정도도 손에 땀이 약간 나는 정도에서 심장이 너무 빨리 뛰어서 터질 것 같고 숨이 막혀서 죽을 것 같은 정도까지 매우 다양합니다.

불안은 심리적으로 어떤 대상이나 상황이 우리에게 위험으로 지각되면 느끼게 되는 정상적인 감정으로, 자신을 보호하기 위한 일종의 보호체계입니다. 이때 대상이나 상황 자체가 주는 의미보다는 그 대상과 상황을 바라보는 우리의 시각이 불안을 만듭니다. 가령, 2세 된 아이는 뱀을 무서워하기보다는 장난감처럼 가지고 놉니다. 하지만 5세만 되어도 학습이나 경험에 의해 뱀을 보면 무서워서 피하려는 행동을 보입니다. 이처럼 우리가 특정 대상이나 상황에 불안을 느끼고 있는 경우는 그것을 위협이라고 자각하고 있는 경우입니다.

불안은 심각도에 따라 일종의 불안장애라는 병으로 불려서 생활에 어려움을 주기도 하지만, 우리는 끊임없이 시시각각 다가오는 불안에 맞서서 싸우는 행동을 합니다. 대표적인 것이 '점검하기' '확인하기'입니다. 예를 들면, 교수님의 과제에 대한 지시가 불확실하다고 느껴지면 다시 여쭤 보거나, 시험이나 발표가 다가오면 준비를 더욱더 철저히 하거나, 좋아하는 사람을 만나러 갈 때나 미팅을 나가기 전에 자신의 옷차림을 다시 점검하는 행동들이 여기에 속합니다. 이처럼 우리는 불안에 안주하기보다는 이를 극복하려는 대처 행동들을 끊임없이 하여 자기 스스로를 성장시킵니다.

'달인'으로 유명한 모 개그맨은 학창시절부터 사람들 앞에서 이야기하고 발표하는 것에 대한 불안이 높았다고 합니다. 학창시절 조용하고 부끄러움이 많은 아이였지만 그는 개그맨이 되겠다는 꿈을 가지고 있었습니다. 그래서 사람들 앞에서 이야기하는 것에 대한 불안을 극복하기 위해 일부러 지하철에서 우스운 행동이나 말을 하여 사람들을 웃기기 위한 연습을 꾸준히 했다고 합니다. 이처럼 불안은 우리를 소극적으로 위축되게 만들지만, 이를 극복하려는 행동은 우리를 성장시킵니다.

출처: 김은실(2011. 3. 22.). 불안으로부터 벗어나기. 단대신문.

4. 진로 관련 상담

대학생이 가지는 가장 많은 고민은 진로나 취업과 관련된 고민입니다. 자신이 선택한 진로에 대해 체계적으로 준비하는 학생이 있는 반면, 자신의 진로 선택이 옳았는지에 대해 자신 없어 하는 학생도 있습니다. 어쩔 수 없이 타인의 강요에 의해서 진로를 선택한 경우도 있고, 계속 고민만 하다가 분명한 진로를 선택하지 못하고 4학년이 되는 학생도 있습니다. 이 학생들 모두에게 진로는 적극적으로 고민해야 하는 중요한 문제입니다. 다음은 교수가 대학생과 진로 상담을 하면서 반드시 확인해야 하는 것입니다.

- 현재 선택한 진로가 있는가?
- 그 진로를 선택한 이유는 무엇인가?

- 선택한 진로에 대한 갈등의 요인이 있나?
- 현재 선택한 학교와 전공에 어느 정도 적응하고 있는가?
- 결정된 진로에 도달할 가능성이 있는가?
- 결정된 진로를 위한 준비 계획은 무엇인가?

이 질문을 통해서 분명한 진로를 결정한 경우, 뚜렷한 진로가 없는 경우, 타인에 의해서 진로를 선택한 경우, 선택을 못 하는 경우 등 다양한 학생의 상태를 구분해서 다음과 같이 상담을 진행합니다.

분명한 진로를 결정한 경우

현재 진로가 자신이 원해서 온 경우, 그리고 향후 자신의 진로에 대해 결정을 해 둔 경우에 학생은 그 진로를 준비하고자 합니다. 이때 교수는 학생이 원하는 정보를 제공해야 합니다. 그러기 위해서 교수는 전공과 관련된 다양한 진로에 대해 폭넓은 정보를 갖추고 있어야 합니다.

그다음에 교수는 학생의 체계적인 진로 준비를 돕기 위해 학생에게 요구되는 것이 무엇인지를 잘 알고, 그와 관련된 전문적인 정보를 충분히 제공해야 합니다. 전문적인 정보를 제공해 줄 수 없는 경우에는 다음에서 제시하는 전문적인 자료를 갖춘 사이트나 자료를 소개해 줌으로써 도움을 받을 수 있도록 해야 합니다.

- 사례 1: 전공 관련 진로에 대한 구체적인 정보를 원해요

  구체적인 정보를 원하는 학생에게 도움을 주기 위해 교수
  는 전공과 관련된 다양한 진로에 대해서 폭넓은 정보를 갖
  추고 있어야 합니다.

- 사례 2: 체계적으로 진로를 준비하고 싶어요

  체계적인 진로 준비를 위해서는 자신이 원하는 진로에 도
  달하기 위해 필요한 것이 무엇인지를 잘 알아야 합니다. 그
  와 관련된 전문적인 정보를 교수가 알고 있다면 충분히 제
  공해 주겠지만, 그렇지 않은 경우에는 다음에서 제시하고
  있는 전문적인 자료를 갖춘 사이트나 자료를 제공합니다.

Tip

진로 준비에 도움이 되는 사이트

- 고용노동부 · 한국고용정보원 워크넷

  (http://www.work.go.kr)

  모든 일자리와 관련된 종합 정보를 다루는 곳입니다. 구직을
  위한 정보뿐 아니라 직업 정보도 제공하며 심리검사도 가능
  합니다. 여기서 자신에게 적합한 직업을 흥미, 지식, 업무 수
  행 능력을 기준으로 검색하여 찾을 수 있습니다.

- 한국직업능력개발원 커리어넷

(http://www.career.go.kr)

진로와 직업에 대한 통합적인 정보를 다루는 곳으로, 미래의 직업세계, 진로심리검사, 진로상담, 진로자료라는 4가지 영역으로 구성되어 있습니다. 대학생을 위해서 다양한 검사와 프로그램이 마련되어 있고 직업 정보도 제공하고 있습니다.

- 고용센터

(http://www.work.go.kr/jobcenter)

전국 각 지역 고용센터를 연결할 수 있습니다. 각 지역 고용센터에서는 다양한 직업 정보 자료를 열람할 수 있으며, 직업적성검사 및 심층상담, 개인별 취업지원계획을 수립할 수 있고, 기업체 동행면접 등의 서비스를 받을 수 있습니다.

- 직업능력지식포털 HRD-Net

(http://www.hrd.go.kr)

HRD-Net은 직업훈련 관련 행정의 전산화를 통한 효율성 및 편의성 제고를 목적으로 노동부와 한국고용정보원에서 운영하는 직업능력개발 훈련정보망입니다. 이곳에서는 훈련기관 및 훈련 과정에 관한 정보를 수집·가공하여 제공하고 구직자의 취업 능력 제고와 근로자의 능력 개발 향상을 위하여 e-learning 등 무료 학습 콘텐츠를 제공하고 있습니다.

- 한국직업능력개발원 NCS

  (http://nos.hrd.go.kr)

  NCS(national competency standards: 국가직업능력표준)는 개인이 산업현장에서 자신의 업무를 성공적으로 수행하기 위해 요구되는 직업 능력(지식, 기술, 태도)을 과학적이고 체계적으로 도출하여 표준화한 정보를 제공하고 있습니다.

- 한국산업인력공단 Q-Net

  (http://www.q-net.or.kr)

  한국산업인력공단의 자격정보시스템으로, 국가(기술)자격, 공인민간자격에 대한 정보와 수험정보를 볼 수 있습니다.

- 한국산업인력공단 WORLD JOB

  (http://www.worldjob.or.kr)

  한국산업인력공단의 해외 취업 연수 프로그램입니다. 직무 능력 및 어학 능력이 부족한 인재를 위한 연수 프로그램을 개설하여 연수를 실시하고 능력 우수자에게 해외 취업을 알선해 줍니다.

- 한국고용정보원 사이버진로교육센터

  (http://cyber-edu.keis.or.kr)

  직업상담원, 교사, 대학 교직원 등 진로 지도 전문가를 위한 역량 강화 교육과정을 온라인 교육과 집합교육을 통해 운영하고 있습니다. 또한 대학생의 진로에 대한 이해도를 향상시키고 진로를 개발시키기 위한 e-learning 교육과정을 운영하고 있습니다.

뚜렷한 진로 계획이 없는 경우

진로에 대한 뚜렷한 목표나 진지한 고민 없이 전공을 선택하는 학생들도 있습니다. 이런 학생의 경우에는 '학생생활상담센터'나 '취업정보센터'에서 제공하는 다양한 진로 관련 활동에 참여해서 자신의 진로를 결정해 나갈 수 있도록 도와줍니다.

다음은 학교에서 도움을 받을 수 있는 진로 관련 활동입니다.

- 심리검사(적성, 흥미, 성격, 가치관 등)에 참여하고 해석 상담을 받는다.
- 대학 내 학생생활상담센터에서 개인 상담을 받거나 진로 관련 집단 상담에 참여한다.
- 취업지원센터와 같은 전문적인 기관에서 실시하는 진로 관련 행사에 참여한다.
- 자기 이해나 진로와 관련된 학과목을 수강한다.
- 진로/취업 관련 사이트에 접속해서 정보를 탐색한다.
- 다양한 직업 세계를 경험한다.

그 후, 교수는 다음의 단계를 통하여 학생이 진로 목표를 수립하고 진로 활동을 할 수 있도록 도와야 합니다.

- 1단계: 자신의 이해를 통해 진로 목표 세우기
  - 적성 파악(MBTI 검사, 적성검사, 흥미도 검사, 직업선호도 검사 등)
  - 미래의 직업 탐색
  - 다양한 과외 활동(동아리 활동, 아르바이트, 봉사활동)
  - 진로 계획 수립(진로 강좌 수강, 학점 관리)

1단계는 대학 생활의 진로 계획을 세우는 단계입니다. 진로 선택의 출발은 '자신에 대한 이해'에서 시작합니다. 자신의 꿈, 적성, 성격 등에 대해 잘 이해해야 앞으로 무엇을 어떻게 해야 할지를 결정할 수 있기 때문입니다. 만약 학생이 자신에 대한 이해가 채 이루어지지 않았다면 학생생활상담센터나 취업정보센터에서 자신의 적성과 성격을 잘 알 수 있게 하기 위한 다양한 검사를 받도록 도와줍니다.

- 2단계: 진로 목표 탐색하기
  - 취업과 진학 모색
  - 진로 설정을 위한 정보 수집
  - 전공 및 복수전공 선택
  - 자격증 취득(지원 분야 관련 자격증, 어학시험 등)

– 해외 체험(워킹홀리데이, 해외 봉사, 어학연수, 해외여행)

2단계는 진로 목표를 탐색하는 단계입니다. 학생에게 적합한 일은 무엇인지 찾아보기 위해 진로와 관련된 다양한 경험을 하도록 합니다. 즉, 학생이 인턴십, 워킹홀리데이, 다양한 문화 체험, 각종 워크숍 등에 참여하여 진로에 대한 탐색을 할 수 있도록 도와주고, 학생이 정한 진로와 관련된 자격증 등을 준비할 수 있도록 합니다.

• 3단계: 진로 목표 구체화하기
  – 취업 특강 및 설명회 참가
  – 외국어(영어, 중국어, 일본어) 능력 관리
  – 자격증 취득
  – 공모전 참가(공공기관 및 기업체)
  – 진로 희망 분야 선배 인터뷰

3단계는 본격적인 진로 목표를 구체화하는 단계입니다. 자신의 적성을 파악해 원하는 직업을 선택하고, 취업 특강 및 설명회 등에 참가하며, 희망 분야에 근무하고 있는 선배와 유기적인 관계를 맺도록 합니다. 또한 방학 기간을 이용해 중소기업에서 현장 경험을 쌓는 직장체험연수나 전문성을 살린 아르바이트 혹은 인턴 등은 직장 생활을 미리 경험해 볼 수 있어서 좋습니다. 그리고 학생이 취업의 기본이 되는 어학과 컴퓨터 관련 자

격증을 본격적으로 준비할 수 있도록 구체적인 계획 수립 과정
을 돕습니다.

- 4단계: 실질적인 취업 활동하기
  - 기업 정보 수집 및 분석
  - 직장 체험 및 인턴 실시
  - 입사 서류 포트폴리오 작성
  - 모의 면접 참가
  - 취업박람회 참가
  - 취업센터 및 구직사이트 이력서 등록
  - 채용공고 및 취업 정보 수집

4단계는 실질적인 취업 활동 단계입니다. 교수는 학생이 채
용공고 및 취업 관련 정보를 수집·분석할 수 있도록 합니다.
또한 학생이 학교에서 실시하는 취업 캠프, 취업 특강 등에 적
극적으로 참여하면서 취업에 많은 도움을 받을 수 있도록 다양
한 정보를 제공합니다. 학생이 스스로 희망하는 기업에 방문하
게 하는 것 역시 취업 준비에 대한 자신감을 갖도록 도울 수 있
습니다. 더불어, 교수는 학생이 희망하는 진로에 진출해 있는
선배와 멘토링을 가질 수 있도록 연계해 줄 수 있어야 합니다.

Tip

대학생의 진로 관련 서적

송원영, 김지영(2009). 커리어 포트폴리오를 통한 대학생의 진로 설
    계. 서울: 학지사.

이용규(2009). 대학생을 위한 진로지도. 서울: 신광문화사.

최일수(2008). 대학생활과 취업준비. 서울: 청람.

황매향, 김연진, 이승구, 전방연(2011). 진로탐색과 생애설계(2판).
    서울: 학지사.

원하지 않는 진로를 선택한 경우

진로를 타인의 강요에 의해 선택했거나, 자신이 원하는 전공
은 따로 있었지만 성적이 미치지 못해 현재의 전공을 선택한 학
생은 무기력해져서 학교 공부와 생활에 의욕이 없는 경우가 많
습니다. 이런 학생의 경우에는 현재의 전공과 진로를 선택하게
된 배경을 먼저 이해해야 합니다. 그리고 자신의 진로에 갈등
을 느끼고 있다면 갈등의 이유를 구체화하고 자신에게 중요한
것을 용기 내서 선택할 수 있도록 돕습니다.

퓨전 직업

진로의 세계는 매우 넓습니다. 설령 학생이 하고 싶어 하는 진로를 선택하지 못했다 하더라도 지금의 전공과 연결해서 할 수 있는 경우도 많습니다. 간학문적이라고 할 수도 있고 퓨전이라고 할 수도 있는 직업 또는 진로도 있습니다. 가령, 운동을 좋아하는 학생이 경영을 하면 **스포츠 마케팅**을 할 수 있으며, 상담학과 학생이 특수교육을 전공하여 **특수아 심리상담사**가 될 수 있는 것처럼 말입니다. 각 전공마다 다른 전공 영역과 연결되어 있는 부분을 잘 연결해 주면 다양하고 창의적인 직업을 가질 수 있습니다.

선택한 진로가 기대와 다른 경우

자신이 생각했던 진로와 실제로 경험한 진로가 다른 경우 학생들은 매우 당황스러워합니다. 그러나 한번 선택한 것을 번복하기란 쉽지 않은 일이기 때문에 심하게 갈등하게 됩니다. 그런 학생의 경우 다음의 단계에 따라 도움을 제공하는 것이 필요합니다.

- 학생이 바랐던 진로의 성격을 확인합니다.
- 학생이 현재 전공에 대해 어떻게 인식하고 있는지를 확인

합니다.

- 학생이 바랐던 진로와 현재 전공의 차이를 확인합니다.
- 학생이 선택할 수 있는 가능한 대안을 탐색합니다.
- 각 대안의 장단점을 확인합니다.
- 대안 중 최선의 결정이 무엇일지 이야기합니다.

진로 관련 상담의 예

다음은 진로에 대한 구체적인 계획을 세우기 위한 상담 활동입니다.

◆ **목표**
- 학생은 자신의 진로에 대한 구체적인 계획을 세울 수 있다.

◆ **준비물**
〈부록 4〉'진로 로드맵 그리기' 활동지, 필기도구, 색연필 등

상담 내용	
도 입 (5분)	• 학생을 맞이하고 상담의 목적에 대해 안내합니다. "오늘은 학생의 진로에 대한 계획을 이야기해 보려고 해요." • 학생에게 오늘 상담 활동을 소개합니다. "지금부터 학생이 원하는 진로와 그 길에 이르기 위한 로드맵 그리기를 할 거예요. 그런 다음 그 그림을 가지고 이야기를 나눌 거예요." • 준비된 활동지와 필기도구, 색연필을 제시합니다.

활동 **(40분)**	• 잠시 눈을 감고 10년 뒤 성공한 자신의 모습을 상상하도록 합니다.(30~60초 정도) "자. 이제 잠시 눈을 감고 10년 후 성공한 자신의 모습을 상상해 보세요." • 눈을 뜨고 10년 후의 모습을 구체적으로 묻습니다. "눈을 뜨세요. 학생은 10년 뒤에 무슨 일을 하고 있나요?" • 10년 뒤의 성공한 자신의 모습으로 가기 위해 1년 단위로 계획을 세우게 합니다. 계획은 가능하면 세부적이고 구체적으로 세우도록 합니다. "이 종이에 10년 후의 모습을 쓰거나 그려 보고, 그렇게 되려면 어떻게 해야 할지 구체적인 계획을 세워 보세요." • 다 그린 후, 완성한 학생의 로드맵을 가지고 이야기를 나눕니다.(교수는 계획을 더 구체화할 수 있도록 돕습니다.) "학생이 되고 싶은 모습을 선택한 이유가 무엇인가요?" "학생이 원하는 것을 얻기 위해 어떤 계획을 세웠는지 이야기해 줄래요?" "혹시 원하는 것을 얻기 위해 방해가 되는 것이 있나요?" "학생이 원하는 것을 얻을 가능성은 얼마나 되나요?"
마무리 **(5분)**	• 오늘 상담 활동을 정리합니다. 우선 상담을 시작한 목적, 진행 과정, 상담의 목표, 해결 방안 등을 교수가 요약해 주는 것이 좋습니다. 그런 후에 오늘 상담에서 느낀 것, 특히 상담을 통해 얻은 것을 말해 보게 합니다.

마무리 (5분)	"이제 상담 시간이 끝나 가네요. 10년 후 성공한 모습과 그것을 위한 계획에 대해 이야기해 보았어요. 오늘 상담을 하고 난 후 느낀 것이나 생각한 것이 있다면 무엇인가요?"
주의점	• 가능하면 1년 단위로 구체적인 계획을 세울 수 있도록 돕습니다.

• 상담 사례: 상담자가 되고 싶은 심리학과 1학년 학생

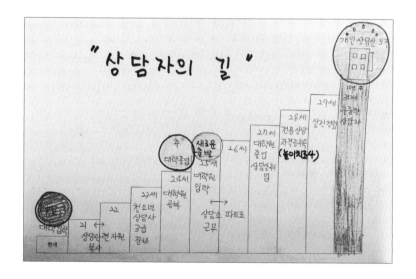

"저는 개인상담소를 운영하는 것이 꿈이에요. 그래서 심리학과에 지원을 했어요. 상담소를 운영하기 위해 필요한 과정이나 자격증을 선배들에게 물어보았더니 특정 자격증을 취득해야 하고 관련 대학원 과정에 들어가야 한다고 하더라고요. 그래서 지금부터 차근차근 준비하려고요. 이렇게 로드맵을 만드니깐 막연하기만 한 목표가 더 구체화되는 것 같아요."

5. 학생의 심리 상태 파악하기

학생의 전반적 심리 상태는 학업, 대인 관계, 진로, 대학 생활 적응 등에 영향을 줍니다. 즉, 건강한 마음을 가져야 긍정적인 목표와 목적을 가지고 학교생활을 해 나갈 수 있습니다. 하지만 실제로 많은 대학생이 우울, 불안, 위축, 분노, 약물 및 게임 중독 등 다양한 심리적 문제로 부적응적인 대학 생활을 합니다. 학생의 심리 상태를 정확하게 파악하기 위해서는 학생생활 상담센터나 그 외 전문기관의 전문가에 의한 종합심리검사를 받아 볼 것을 권합니다. 하지만 학생의 부적응을 초기에 개입하고 예방하기 위해서는 교수가 상담을 통해 심리적 어려움을 경험하고 있는 학생을 선별하는 것이 우선되어야 합니다.

학생에게 상담을 권하기

심리적 어려움이 있는 학생은 수업 중에 구석에 앉아 있거나 어두운 표정을 하고 있거나, 친구가 없이 혼자 다니는 경우가 많습니다. 교수는 그런 학생에게 관심을 가지고 상담을 권해야 합니다. 상담을 권할 때는 여러 학생이 있는 곳에서 공개적으로 하기보다는 학생의 메일이나 휴대폰으로, 혹은 수업 후에 조용히 불러서 "나누고 싶은 이야기가 있어요. 편한 시간에 연구실로 찾아와요."라고 개인적으로 상담을 권하는 것이 좋습니다.

학생의 심리 상태를 파악하기 위한 상담의 예

학생이 연구실에 찾아오면 학생에게 상담의 목적을 설명하고 〈부록 5〉 '학생의 심리 상태 질문지'를 작성하도록 합니다. 질문지를 작성한 후에는 각 질문에 대해서 학생이 기술한 내용의 이유를 물어봅니다. 다음은 학생의 심리 상태를 파악하기 위한 상담 활동입니다.

◆ **목표**
- 학생의 현재 심리 상태를 파악한다.

◆ **준비물**
〈부록 5〉 '학생의 심리 상태 질문지', 필기도구 등

상담 내용

도입 (5분)	• 학생을 맞이하고 상담의 목적에 대해 안내합니다. "학생이 수업 중에 어두운 얼굴로 있어서 걱정이 되었어요. 그래서 학생에게 무슨 일이 있는지도 궁금하고, 혹시 제가 도울 수 있는 일이 있나 해서 상담을 청했어요." • 학생에게 오늘 상담 활동을 소개합니다. "지금부터 학생의 마음을 알아보기 위한 질문지를 작성하고, 작성된 질문지를 가지고 이야기를 나눌 거예요. 이 질문지는 학생을 잘 이해하기 위해서 실시하는 겁니다. 혹시 부담이 된다면 하지 않아도 돼요. 그리고 이 내용은 철저히 비밀이 보장돼요."

활 동 **(40분)**	• 준비된 '학생의 심리 상태 질문지'와 필기도구를 제시합니다. • 학생이 질문지를 작성할 동안 기다립니다. • 학생이 작성한 질문지에 있는 내용 중 특이한 대답에 대해서 구체적으로 질문합니다. "'나의 요즘 기분은 슬프다.'라고 했는데 그 이유가 무엇인가요?" "'자살에 대한 나의 생각은 나도 때때로 자살을 생각한다.'라고 했는데 언제 자살에 대해서 생각해 보았나요?" "'다른 사람들이 알지 못하는 나의 두려움은 나를 통제하지 못할 것 같은 두려움이다.'라고 했는데 그것에 대해서 자세히 이야기해 줄 수 있나요?"
마무리 **(5분)**	• 오늘 상담 활동을 정리합니다. 우선 상담을 시작한 목적, 진행 과정, 상담의 목표, 해결 방안 등에 대해 교수가 요약해 주는 것이 좋습니다. 그런 후에 오늘 상담에 대해서 느낀 것, 특히 상담을 통해 얻은 것을 말해 보도록 합니다. "이제 상담 시간이 끝나 가네요. 오늘은 학생의 마음 상태를 알아보기 위해 질문지를 작성하고 이야기를 나눠 보았어요. 오늘 상담을 하고 난 후 느낀 것이나 생각한 것이 있다면 무엇인가요?" • 추후 상담을 정하거나 전문 기관으로 의뢰를 합니다. "마음이 힘들었겠군요. 저는 학생과 좀 더 이야기를 나누었으면 해요. 학생의 생각은 어떤가요? 혹시 추후 상담을 원하면 언제든 다시 연락을 주세요."

> • 너무 깊게 학생의 심리를 파고들지 않도록 합니다. 심리적 어려움이 심각한 학생의 경우, 간혹 상담 중에 마음속에 묻어 놨던 심리적 어려움을 인식하게 되어서 더욱 심한 우울이나 불안을 느끼기도 합니다.
>
> • 학생에게 질문을 할 경우 부정적 내용 3개에 긍정적 내용 1개 정도로 질문을 합니다. 부정적 내용만 질문하면 학생은 자신이 문제가 있다고 생각하게 될 수 있습니다.

주의점

다음 상담 약속을 정하거나 전문 기관으로 의뢰하기

학생이 원하면 추후 상담 약속을 정하도록 합니다. 하지만 학생의 심리적인 어려움이 다소 심각한 경우는 전문 기관으로 의뢰합니다.

6. 학생의 강점 격려하기

강의 중에 자신감이 없어서 발표나 자신의 이야기를 잘 하지 못하는 학생을 종종 보게 됩니다. 그들은 대부분 자존감이 낮은 경우가 많습니다. 자존감은 스스로를 긍정적으로 평가하는 것으로, 높은 자존감은 학습뿐 아니라 대인 관계를 비롯하여 대학 생활 전반에 긍정적 영향을 줍니다. 그래서 자존감이 낮은 학생은 동기와 성취 수준이 낮으며, 이로 인해 학습뿐 아니라 대학 생활 전반에 부정적인 모습을 보입니다. 이들에게는 그들 자신이 가진 강점을 강화하여 자존감을 향상시키는 것이 중요합니다. 다음은 학생의 자존감을 높이기 위한 상담 활동입니다.

학생의 감정을 격려하기 위한 상담의 예

◆ **목표**
1. 학생의 숨은 강점을 찾아 준다.
2. 강점을 통해 자신에 대한 긍정적인 이미지를 형성하고 자존감을 향상시킨다.

◆ **준비물**
A4용지, 필기도구 등

상담 내용	
도 입 (5분)	• 학생을 맞이하고 상담의 목적을 설명합니다. "어서 와요. 오늘은 학생에 대해 이야기를 나누고 싶어서 불렀어요. 우리는 약 50분 정도 이야기를 나눌 거예요. 편안한 마음으로 이야기하면 좋겠어요." • 학생에게 오늘 상담 활동을 소개합니다. "지금부터 학생의 강점을 찾는 '강점 나무 만들기'를 할 거예요. 그리고 그림을 다 그린 후 서로 이야기를 나눌 거예요."
활 동 (40분)	• 준비된 종이와 필기도구를 제시합니다. • 잠시 눈을 감고 자신의 강점에 대해서 생각해 보도록 합니다(2~3분 정도). 만약 학생이 강점을 생각해 내는 것을 어려워하면 〈부록 6〉 '강점 목록'을 참고할 수 있도록 제시합니다.

활동 **(40분)**	"자. 이제 잠시 눈을 감고 학생의 강점을 생각해 볼까요?" "강점은 여러 가지가 될 수 있어요. 공부를 잘하는 것, 친구들과 사이가 좋은 것뿐 아니라 학생의 성격이나 특성, 학생을 도와줄 수 있는 주변 사람 등 다양한 것이 강점이 될 수 있어요." • 눈을 뜨고 제시된 종이에 나무를 그리도록 합니다. (손 모양을 그려도 됩니다.) • 다 그린 나무에 자신의 강점을 가능한 한 많이 적도록 합니다. (손 모양인 경우엔 손 위에 적습니다.) • 강점을 모두 적은 후 그 그림에 제목을 정합니다. "자, 이 작품에 제목을 정해 주세요." • 학생이 생각하는 강점에 대해서 서로 이야기를 나눕니다. 학생이 생각하지 못한 강점이 있다면 교수가 학생의 강점을 이야기해 줄 수도 있습니다. "그림을 그리고 난 후 드는 생각이나 느낌이 있나요?" "이것을 강점이라고 적었는데 그 이유를 이야기해 줄 수 있나요?" "나는 학생이 평소 강의에 빠지지 않는 것을 보고 성실하다고 생각했어요."
마무리 **(5분)**	• 오늘 활동을 정리합니다. "이제 상담 시간이 끝나 가네요. 오늘은 학생의 강점에 대해 이야기해 보았어요. 오늘 상담을 하고 난 후 느낀 것이나 생각한 것이 있다면 무엇인가요?" • 상담 중에 미진한 것이 있다면 그것을 보강하기 위

마무리 (5분)	해, 혹은 학생의 문제 해결을 위한 노력을 확인하기 위해 추후 상담을 약속합니다. 추후 상담을 위해서는 정확한 상담 시간과 장소를 정합니다. 그리고 약속을 지키지 못할 경우 연락할 수 있는 방법에 대해서 구체적으로 알려 줍니다. "이제 상담 시간이 모두 끝났군요. 다음에 이야기를 더 나누었으면 해요. 언제 다시 만나면 좋을까요? 혹시 약속 시간에 올 수 없으면 하루 전에 미리 저에게 메시지나 전화를 주세요."
주의점	• 자신의 강점을 충분히 생각할 수 있는 시간을 줍니다. • 작고 사소한 것도 강점이 될 수 있음을 알려 줍니다. • 집단으로 사용할 경우 다른 학생들도 학생의 강점을 함께 찾도록 합니다.

• 상담 사례 1

"저는 정리를 잘하고 꼼꼼하게 일을 잘한다는 이야기를 많이 들어요. 그리고 저를 사랑하는 사람이 주변에 많아요. 부모님이나 친구도 있고요. 그래서 저는 행복해요. 그리고 대학에 들어와서 친구도 많이 사귀고 후배들과도 잘 조화가 되는 것 같아요. 저는 장점이 많다는 생각을 했어요."(대학교 2학년 여학생)

- 상담 사례 2

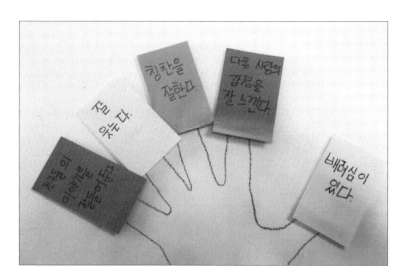

"저는 친구들의 이야기를 잘 들어주고 다른 사람의 감정을 잘 느끼며, 배려심이 있어요. 저는 저의 이런 장점이 정말 좋아요. 저는 대학에 들어와서 친구들도 많이 사귀고 후배들과도 잘 어울리는 것 같아요. 저는 저에게 장점이 많다는 생각을 했어요."(대학교 2학년 여학생)

7. 전문 기관으로 의뢰하기

학생이 우울이나 불안과 같은 심각한 심리적 어려움 혹은 자살 위험, 성폭행, 다른 사람의 폭력 및 학대와 같은 문제를 겪고 있는 것을 상담을 통해 알게 될 경우 전문 기관으로 의뢰하는 것이 좋습니다.

학생과 이야기를 나누다가 학생이 겪은 자살 충동, 성폭행, 다른 사람의 폭력 및 학대, 심각한 정신적 문제를 알게 되면 교수는 당황하게 됩니다. 교수의 당황한 표정이나 행동을 보면 학생은 자신의 어려움을 숨기고 도움을 받으려고 하지 않을 것입니다. 학생이 자신의 어려움을 이야기했다는 것은 교수에게 도움을 받고 싶다는 의미입니다. 이때 교수는 학생의 이야기에 대해 옳고 그름을 판단하여 조언과 해결책을 섣부르게 제시하거나 학생의 이야기 내용이 사실인지 확인하기 위한 구체적인 질문을 하기보다는 먼저 학생의 어렵고 힘든 상황을 공감해 주어야 합니다. 그리고 상담을 지속적으로 받을 수 있도록 교내의 전문 기관(예: 학생생활상담센터, 성폭력상담소)으로 연결해 줍니다. 전문 기관으로 연결할 때는 학생이 직접 연락하도록 두기보다 교수가 전문 기관에 연락하여 학생과 상담자가 통화할 수 있게 중개한 후 약속을 잡도록 돕습니다.

• 대화의 예

"학생이 그래서 힘들어 보였군요. 혼자서 문제를 해결하려고 무척 애를 썼군요. …… 우리 주변에는 학생이 문제를 해결하도록 도움을 줄 수 있는 곳이 많아요. 우리 학교에도 전문적으로 상담을 공부하신 분들이 있어요. 혹시 학생이 도움이 필요하면 그곳을 연결해 줄 수 있어요. 그곳에 가면 무료로 상담을 받을 수 있고, 필요하다면 여러 가지 다른 도움을 받을 수도 있어요."

심각한 심리적 문제를 가지고 있는 학생은 다소 다른 행동을 보입니다. 다음과 같은 행동을 보이면 전문 기관으로 의뢰하는 것이 좋습니다.

1) 우 울

우울한 사람은 기분이 저조하고 활동량이 적다는 것이 주 특징입니다. 다음과 같은 학생의 행동은 우울의 신호입니다.

- 잦은 결강과 지각을 한다.
- 머리를 감지 않거나 목욕을 하지 않아서 냄새가 난다.
- 옷 갈아입는 것을 귀찮아해서 항상 같은 옷을 입고 다닌다.
- 과제를 거의 제출하지 않는다.
- 강의 중에 뒷자리에 앉아서 자는 경우가 많다.
- 갑자기 체중이 늘거나 줄었다.
- 질문에 대한 대답이 느리거나 대답하지 않는다.
- 매사를 귀찮아하고 열의가 없다.

• 자주 한숨을 쉬며 멍하게 앉아 있는 경우가 많다.

2) 불 안

불안은 생리적인 각성과 관련이 많습니다. 그래서 불안한 학생은 우울한 학생과 달리 활동량이 많으며, 한 가지에 집중하지 못하고 산만한 행동을 보입니다.

• 강의나 교수의 말에 집중하지 못한다.
• 손톱을 물어뜯거나 옷 또는 다른 물건을 계속 만지작거린다.
• 갑자기 얼굴이 빨개지고 거친 숨을 몰아쉰다.
• 눈을 깜박거리거나 "으흠" 하는 소리를 반복적으로 낸다.
• 항상 긴장된 자세를 보인다.

3) 자 살

학생의 자살과 관련된 문제는 자살 충동과 자살 행동으로 나뉩니다. 여기서 자살 충동을 가진 학생 중 30% 이상이 실제 자살을 시도한다고 합니다. 다음 신호를 숙지하여 학생의 자살을 미리 예방하는 것이 중요합니다.

• 죽고 싶다는 말이나 글을 자주 쓴다.
• 자해의 흔적을 감추기 위해 여름에 소매가 긴 옷이나 손목

보호대를 하고 다닌다.

- 몸에 자해와 관련된 상처가 있다.
- 이전에 자살 시도를 한 경험이 있다.
- 비관적인 이야기를 자주 한다.
- 혼자 다닌다.

4) 폭 행

폭행(성폭행 포함)은 학대의 일종으로 학생에게 심각한 수준의 정신적 상처를 남깁니다. 폭행을 당한 학생은 유사한 상황이나 학대 당시를 연상하게 하는 상황을 회피하려고 합니다. 심각한 경우에는 외상 후 스트레스 장애를 경험하며, 그로 인해 대학 생활이 어려울 수도 있습니다. 또한 우울, 불안, 자살 시도와 같은 다른 문제의 원인이 될 수도 있기 때문에 조기에 발견하고 전문 기관으로 의뢰하는 것이 좋습니다.

- 구석에 앉아 몸을 숨기려고 한다.
- 사람의 손길이 닿으면 갑자기 깜짝 놀란다.
- 다른 사람과 이야기할 때 눈을 마주치지 않는다.
- 성폭행 혹은 폭력과 관련된 영상물을 시청하거나 그와 관련된 대화를 할 때 갑자기 화를 내거나 밖으로 뛰쳐나간다.
- 손목이나 목덜미 등에 멍든 자국이 있다.
- 상처를 가리기 위해서 수업에 선글라스를 쓰거나 모자를

깊게 쓰고 온다.

- 감정 기복이 심해서 이야기를 즐겁게 하다가 갑자기 울거나 시무룩해진다.
- 이야기에 조리가 없고 질문에 엉뚱한 대답을 하기도 한다.

5) 다른 심각한 정신적 문제

심각한 정신적 문제를 가지고 있는 학생은 일상적인 학교생활이 어렵습니다. 일상적인 학교생활을 위해서는 현실과 비현실을 구분할 수 있는 현실 검증 능력이 필요합니다. 다음과 같은 행동을 보이는 학생은 심각한 정신적 문제를 가질 가능성이 높습니다.

- 계절에 어울리지 않는 복장을 하고 다닌다.
- 누군가 자신을 해치려 하거나 감시한다고 자주 이야기한다.
- 자신이 중요한 사람이기 때문에 특별한 대우를 받아야 한다고 요구한다.
- 자신의 이름, 사는 곳, 나이 등 신상 정보를 가끔 다르게 이야기한다.
- 며칠씩 식사나 수면을 하지 않다가 갑자기 하루에 많은 양의 음식을 먹거나 잠을 잔다.
- 혼자 허공이나 창밖을 바라보면서 이야기하거나 웃기도 한다.

과도한 자기애

심리학 수업을 듣는 O라는 학생이 같은 실험실에서 일하는 동료 때문에 고민 상담을 한 적이 있습니다. 어느 날 O가 실험실을 사용하고 있는데 K라는 동료가 들어와 화를 내면서 O의 실험 도구를 바닥에 던졌다고 합니다. 자신에게 허락을 받지 않고 실험실을 사용했다는 이유였습니다. O는 K에게 며칠 전에 조교를 통해 실험실 사용 여부를 확인했다고 설명했습니다. 하지만 K는 자신에게 직접 허락을 받지 않았다며 자신을 무시하는 행위라고 매우 화를 냈습니다. 평소에 K는 실험실이나 실험 도구를 사용할 때 자신이 우선적으로 선택권을 가졌으며, 그에 대해서 불만을 토로하는 사람들에게 자신은 다른 사람들보다 특별하기 때문에 특별한 대우를 받아야 한다고 말해 왔습니다. 그리고 한번은 과 모임에서 자신이 아직 오지 않았는데 메인 요리를 시켰다는 이유로 화를 내서 사람들을 당황하게 한 적도 있습니다. 결국 K는 과에서 왕따를 당했고, 자신을 따돌리는 친구들을 원망하며 자퇴를 하였습니다.

우리 주변에는 K 같은 사람이 많습니다. 이런 경향을 심리학에서는 '자기애적 성격장애(narcissistic personality disorder)'라고 하고, 보통은 '공주병' '왕자병'이라고 부릅니다. 그들은 스스로를 과장하는 특권 의식을 가지고 있습니다. 그들의 마음속에는

'나는 너무나 우월하기 때문에 특별한 대우를 받아야 한다.' '나는 매우 특별한 사람이다.'라는 생각이 자리하고 있습니다. 그래서 타인이 자신을 칭찬해 주기 바라며 그렇지 않을 때는 주변 사람을 무시하거나 분노합니다. 그들에게 다른 사람은 자신을 추종하는 추종자일 뿐입니다.

'자기애'라는 용어는 연못에 비친 자신의 아름다운 얼굴을 너무 사랑하여 연못 속에 몸을 던져 죽었다는 그리스 신화의 인물 '나르시스'에서 유래했습니다. 즉, 자기애는 자신을 멋지고 중요한 사람이라고 생각하는 것입니다. 물론 자신이 멋지고 중요한 사람이라는 생각은 우리의 삶을 행복하게 만들어 줍니다. 그래서 심리학에서 자기애는 우리가 삶을 행복하게 살아갈 수 있도록 만드는 심리적 기제라고 합니다. 하지만 자신이 중요하고 멋지기 때문에 다른 사람도 자신을 그렇게 생각해야 한다고 강요하는 것은 유아기적 사고입니다. 어린 아이가 세상의 중심이 자신이라고 생각하는 것과 같습니다. 이들은 다른 사람의 능력이나 다른 사람의 협력을 바라지 않습니다. 그들은 단지 자신을 숭배하기 위한 존재이기 때문입니다. 이런 사람들은 다른 사람들을 불편하게 만듭니다. 그래서 결국 사람들을 피하고 외톨이가 됩니다. 그러므로 마침내 과도한 자기애를 가진 사람은 '나홀로 왕국의 왕'이 되는 것입니다.

출처: 김은실(2011. 5. 17.). 우리 행동 속에 숨겨진 마음: 우리 안의 나르시즘. 단대신문.

부록

〈부록 1〉 학생 상담 기록지

학생 상담 기록지

학생 명		학 년	
상담 일시	년 　 월 　 일(　 요일)		
상담 시간	~ 　 (　 분간)		
상담 주요 내용(학생의 호소 문제, 상담 목표, 상담 진행 내용 등)			
상담 결과			
추후 계획			

〈부록 2〉 생애곡선 그리기

나의 생애곡선

	출생						현재
매우 행복 5							
0							
매우 불행 −5							

〈부록 3〉 시간일기

항 목	하루 동안 사용 시간(분)	시간 사용 순위	나의 우선순위
수 면			
강 의			
통 학			
세 면			
식 사			
동아리 활동			
친교 활동			
게 임			
독 서			
취미 활동			
운 동			
과 제			
공 부			
아르바이트			
기 타			

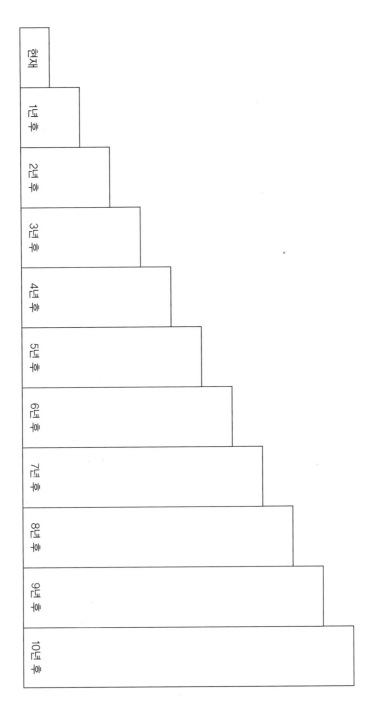

〈부록 5〉 학생의 심리 상태 질문지

〈질 문 지〉

● 다음에 기술된 문장은 뒷부분이 빠져 있습니다. 각 문장을 읽으면서 맨 먼저 떠오르는 생각으로 뒷부분을 이어 문장이 완성되도록 하십시오. 자신의 솔직한 마음을 그대로 적어 보세요.

1. 나는 ＿＿＿＿＿＿＿＿＿＿＿＿＿＿＿＿＿ 이다.

2. 나는 과거에 ＿＿＿＿＿＿＿＿＿＿＿＿＿ 이다.

3. 나의 미래는 ＿＿＿＿＿＿＿＿＿＿＿＿＿ 이다.

4. 내가 생각하는 나의 단점은 ＿＿＿＿＿＿ 이다.

5. 다른 사람들은 나를 ＿＿＿＿＿＿＿＿＿＿＿ .

6. 대부분의 여자는 ＿＿＿＿＿＿＿＿＿＿＿ 이다.

7. 대부분의 남자는 ＿＿＿＿＿＿＿＿＿＿＿ 이다.

8. 내가 없다면 친구들은 ＿＿＿＿＿＿＿＿＿ .

9. 나를 슬프게 하는 것은 ＿＿＿＿＿＿＿＿ 이다.

10. 나를 화나게 하는 것은 ＿＿＿＿＿＿＿＿ 이다.

11. 나는 때때로 ＿＿＿＿＿＿＿＿＿＿＿＿＿＿ .

12. 내가 어떻게든 잊고 싶은 것은 ＿＿＿＿＿ 이다.

13. 나의 능력은 ＿＿＿＿＿＿＿＿＿＿＿＿＿＿ .

14. 내가 아끼는 것은 ＿＿＿＿＿＿＿＿＿＿＿ .

15. 나의 좋은 점은 ＿＿＿＿＿＿＿＿＿＿＿＿ .

16. 나의 요즘 기분은 ＿＿＿＿＿＿＿＿＿＿＿ .

17. 자살에 대한 나의 생각은 ＿＿＿＿＿＿＿＿ .

18. 다른 사람들이 알지 못하는 나의 두려움은 ＿＿＿ .

〈부록 6〉 강점 목록

번호	강 점
1	나는 새로운 것을 배우면 무척 기쁘다.
2	나는 상상력이 뛰어나 언제나 재미있는 새로운 아이디어를 제안한다.
3	나는 알고 싶은 것이 있으면 열심히 찾는다.
4	나는 어떤 모임에 가도 잘 어울린다.
5	나는 즐겁거나 슬플 때, 화날 때 등 감정이 생기는 이유를 알고 있다.
6	나는 사람이 살아가는 데 정말로 중요한 것이 무엇인지 알고 있다.
7	나는 아무리 힘들어도 내뱉은 말은 끝까지 지킨다.
8	나는 설령 비웃음을 당해도 옳다고 생각한 것은 그대로 한다.
9	나의 부모님은 언제나 끝까지 내가 잘했다고 칭찬하신다.
10	나는 설령 내가 싫어하는 사람이라도 그 사람을 공정하게 대한다.
11	나는 뭔가를 잘못하면 언제나 그 사실을 시인한다.
12	나는 혼자 있어도 전혀 심심하지 않다.
13	나는 스스로 말하기보다 다른 사람들에게 말할 기회를 더 많이 준다.
14	나는 아침에 눈을 뜰 때마다 새로운 하루를 시작한다는 것이 흥분된다.
15	사람들은 나와 같이 있을 때 즐거워한다.
16	나는 누군가 내 기분을 상하게 하더라도 그 사람에게 앙갚음하려고 하지 않는다.
17	나는 주변에 나를 도와줄 사람이 많다.
18	나는 건강하다.
19	나는 일이 주어질 때까지 기다리기보다 해야 할 일을 먼저 찾아서 한다.
20	나는 사랑하는 가족이 있다.

〈부록 7〉 감정을 나타내는 형용사

유쾌한 감정		불쾌한 감정	
편안한	희망적인	두려운	놀란
기분 좋은	기쁜	화난	짜증나는
다행인	흡족한	슬픈	당황스러운
신나는	감명 받은	우울한	질투심 나는
만족한	우쭐한	불안한	피곤한
반가운	사랑스런	수치스러운	외로운
행복한	신명나는	부끄러운	불편한
의기양양한	평화로운	지루한	불행한
힘이 넘치는	자랑스러운	혼란스러운	후회스러운
자유로운	안정된	실망한	초조한
들뜬	고요한	의기소침한	주저하는
해방된 듯한	포근한	미운	싫증난
자신 있는	재미있는	죄책감 드는	좌절한
흥미로운	원기 왕성한	심란한	충격 받은
용기를 얻은	영예로운	기죽은	비참한

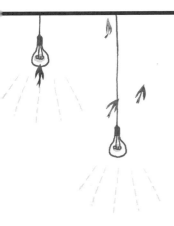

참고문헌

강혜영, 이제경(2009). 대학교수를 위한 학생상담 가이드북. 서울: 학지사.

공마리아, 강윤주(2012). 대학생의 대학생활 스트레스가 정신건강에 미치는 영향: 경기도 P시에 소재한 대학을 중심으로. 재활심리연구, 19(1), 1-22.

공수자, 이은희(2006). 여자대학생들의 생활스트레스와 우울과의 관계에서 대처방식의 매개효과. 한국심리학회지: 여성, 11(1), 21-40.

김미례, 오명자, 김광운 공역(2012). 격려 기술[*The Skills of encouragement*]. Dinkmeyer, D., & Losoncy, L. 공저. 서울: 학지사. (원저는 1995년에 출판).

김성경(2003). 대학신입생의 스트레스와 학교적응에 관한 연구. 청소년학연구, 10(2), 215-237.

김은실, 손현동(2011). 아이들의 행복 키워드: 민감성. 수원: 마음샘.

김정호, 김선주, 오영희(1996). 덕성여대생들의 생활스트레스에 관한 연구. 학생생활연구, 11(1), 37-49.

나미현, 오익수(2011). 교사의 격려언어가 초등학교 아동의 학교생활적응에 미치는 효과. 초등상담연구, 10(2), 137-150.

박희남(2000). 학부제의 학생지도와 상담의 역할. 학생생활연구, 6, 119-134.

심지은, 안하얀, 김지혜(2011). 대학생의 취업스트레스와 우울간의 관계: 적응적인 인지적 정서조절 전략의 매개효과 검증. 인간이해, 32(1), 103-118.

이영선, 박정민, 최한나(2001). 사이버상담의 기법과 윤리. 서울: 한국청소년상담원.

이영자(1995). 스트레스, 사회적지지, 자아존중감과 우울 및 불안과의 관계. 서울여자대학교 대학원 박사학위논문.

이은희, 박상준(2012). 대학생의 생활 스트레스 척도의 타당성과 활용. 교육종합연구, 10(2), 69-93.

임은미, 이영선, 김지은(2000). 사이버 진로상담: 이메일 상담을 중심으로. 서울: 한국청소년상담원.

장형석(2000). 대학생들의 스트레스 원천과 대처전략. 부산대학교 학생생활연구소 연구보, 32, 101-115.

전겸구, 김교헌, 이준석(2000). 개정판 대학생용 생활 스트레스 척도 개발 연구. 한국심리학회지: 건강, 5(2), 316-335.

추상엽, 임성문(2010). 대학생의 생활 스트레스와 우울 간의 관계: 경험회피의 매개효과와 문제중심 대처의 조절효과. 청소년학연구, 17(2), 309-332.

Asberg, K. K., Bowers, C., Renk, K., & McKinny, C. (2008). A structural equation modeling approach to the stress of stress and psychological adjustment in emerging adults. *Child Psychiatry and*

Human Development, 39, 481-501.

Egan, G. (2010). *The Skilled helper: A problem-management and opportunity-development approach to helping* (9th ed.). Belmont, CA: Brooks Cole.

Kottman, T. (2003). *Partners in play: An Adlerian approach to play therapy*. Alexandria, VA: American Counseling Associiation.

Lee, N. R., & Kotler, P. (2011). *Social marketing: Influencing behaviors for good* (4th ed.). Thousand Oaks, CA: Sage.

김은실(2011. 3. 22.). 불안으로부터 벗어나기. 단대신문.

김은실(2011. 5. 17.). 우리 행동 속에 숨겨진 마음: 우리 안의 나르시즘. 단대신문.

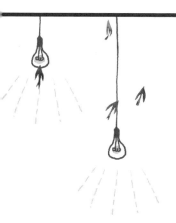

찾아보기

저자 소개

김은실

대학에서 심리학을 전공하고 대학원에서 교육학을 전공하여 박사학위를 받았다. 자폐아동 교육기관에서 근무하기 시작해 이후 20여 년간 아동과 청소년을 상담했고, 이러한 경험을 바탕으로 학생과 성인(부모, 교사, 교수)이 서로의 마음을 이해할 수 있도록 하기 위한 연구 및 저술 활동, 강연, 워크숍 등을 진행하고 있다. 김은실아동발달센터 소장 및 심리상담전문컨설팅 마음샘 대표를 역임했으며, 현재 남서울대학교 교수(아동심리상담 전공)이자 한국행동분석연구소 소장으로 재직하고 있다. 주요 저서로는 『아이들의 행복 키워드: 민감성』(공저, 2011, 마음샘), 『아이들의 자존감을 높여주는 셀프업: 자존감 향상 프로그램』(공저, 2012, 마음샘), 『특별한 아이들의 마음 읽기』(2012, 마음샘) 등이 있다.

저자 소개

손현동

대학 및 대학원에서 교육학을 전공하여 박사학위를 받았다. 이후 아동과 청소년, 대학생을 대상으로 15년간 상담한 경험을 바탕으로 그들의 마음을 이해하고 돕기 위한 연구 및 저술 활동을 진행하고 있다. 한국 민감성개발연구소 소장을 역임했으며, 현재 광주교육대학교 교수(교육학과 초등상담 전공)이자 광주교육대학교 부설 아동청소년상담센터 소장으로 재직하고 있다. 주요 저서로는 『상담자 윤리』(공저, 2009, 학지사), 『아이들의 행복 키워드: 민감성』(공저, 2011, 마음샘), 『아이들의 자존감을 높여주는 셀프업: 자존감 향상 프로그램』(공저, 2012, 마음샘) 등이 있다.

대학생과의 소통을 위한
상담기법

2014년 1월 10일 1판 1쇄 발행
2015년 4월 20일 1판 2쇄 발행

지은이 • 김은실 손현동
펴낸이 • 김 진 환
펴낸곳 • ㈜ **학지사**

121-838 서울특별시 마포구 양화로 15길 20 마인드월드빌딩 5층
대표전화 • 02) 330-5114   팩스 • 02) 324-2345
등록번호 • 제313-2006-000265호
홈페이지 • http://www.hakjisa.co.kr
커뮤니티 • http://cafe.naver.com/hakjisa

ISBN 978-89-997-0264-8 93180

정가 **13,000**원

인터넷 학술논문원문서비스 **뉴논문** www.newnonmun.com

이 도서의 국립중앙도서관 출판시도서목록(CIP)은 서지정보유통지원시스템
홈페이지(http://seoji.nl.go.kr)와 국가자료공동목록시스템(http://www.nl.go.kr/kolisnet)
에서 이용하실 수 있습니다.
(CIP제어번호: CIP2013029101)